# Décoder les développeurs

Groupe Eyrolles
61, bd Saint-Germain
75240 Paris Cedex 05
www.editions-eyrolles.com

La couverture cache un message, saurez-vous le décoder ?


ISBN : 978-2-212-56739-7

THE BOSON PROJECT

# Décoder les développeurs

Enquête sur une profession à l'avant-garde

EYROLLES

# *Remerciements*

Un livre est toujours, quelque part, un travail collectif. Celui-ci n'échappe pas à la règle. Pour comprendre les processus décrits ci-dessous et les retranscrire dans le corps de cet ouvrage, j'ai pu compter sur l'avis de nombreuses personnes. Avant d'en proposer la lecture, j'aimerais ouvrir le présent texte par des remerciements. Pour avoir, avec fulgurance, trouvé l'idée initiale, merci à Emmanuelle Duez qui me fait également l'honneur de sa préface. Pour leurs relectures minutieuses et profondes, merci à Marianne Urmès, Daphné Bédinadé, Adam Barbe, Alexandra Dionisi, Quentin Eude, Thomas Irace, Alexandre Jaffeux, Alexandre Nègre. Pour leurs encouragements et leur soutien indéfectible, merci à The Boson Project, Adrien Cadouot, Félicien Carli, Pierre Chastroux, Boris Gruyer, Édouard et Louis Gousset, Léa Henry, Cyril Penin, Corinne, William et Robin Tainturier. J'aimerais également adresser tous mes remerciements aux développeurs et interlocuteurs qui ont répondu à mes questions et subi mes entretiens, parfois pendant de longues heures estivales. Tout particulièrement, merci à François Hisquin et Guillaume Grillat. Enfin, et pour tout ce que je lui dois, le plus tendre des mercis à Bérénice Bourgon.

Benjamin Tainturier

# *Sommaire*

# *Préface*

Emmanuelle Duez

Si le management est une science, alors les développeurs en sont les souris de laboratoire. Population « à l'avant-garde de l'époque », ils brouillent les pistes : derrière les lignes de code, les applications et les nouveaux usages, les hommes et femmes qui maîtrisent ces étranges langages ne sont ni jeunes ni vieux, ils sont un peu des deux, jeunes prodiges déscolarisés, thésards passionnés, vieux informaticiens hippies que la flamme de la programmation n'a jamais quittés. Ils ne sont ni cols blancs ni cols-bleus, « esprits ouvriers dans un corps de cadre », mêlant habilement les valeurs, l'abnégation, l'itération, la maîtrise de la technique et du geste métier de l'artisan à la réflexion, la maïeutique, le recul des chefs de projet. Ces cols « ciel » sont à mi-chemin entre le monde d'hier et le monde de demain. Ils écrivent le futur tout en réclamant le respect des fondamentaux managériaux que les entreprises, petites et grandes, n'ont pas su faire leurs. Tantôt divas, tantôt pisseurs de code, admirés et incompris, méprisés et encensés, ces puissantes petites choses en sweat à capuche, qui n'ont pourtant l'air de rien de bien méchant sinon de nerds étranges, sont, nous le croyons, symptomatiques d'un monde de l'entreprise en transition. Plus « bankable » que jamais, ils surfent la vague, passent de boîte en boîte, font monter les enchères quant à leurs rémunérations, disparaissent du jour au lendemain sans autre forme de procès, et surtout sans demander leur reste, provoquant vagues de protestation, d'incompréhension, avec tous les stéréotypes associés.

Ces cols ciel, que les entreprises ont bien du mal à attirer et encore plus à retenir, sont-ils d'odieux pourris gâtés, stars éphémères d'un monde digitalisé dont ils seraient les seuls à maîtriser – pour le moment – les subtilités ? Ou sont-ils, au contraire, la catalyse du monde de demain, encapsulant au creux de leurs attentes, de leurs frustrations, de leurs rêves et de leurs aspirations non formalisées ce qui animera tous les collaborateurs du futur ? Se pourrait-il qu'ils soient révélateurs de ce qui nous attend et qu'en lieu et place de geeks bizarres ils soient en réalité des passeurs, souvent incompris mais toujours éclairants, vers d'autres horizons ? C'est ce que nous croyons.

Le « nous », c'est The Boson Project, joyeuse team de trentenaires, multidisciplinaire, qui tente d'analyser toutes les tendances sociétales percutant le monde de l'entreprise pour en extraire ce que sera l'entreprise demain et, derrière elle, la société. Résolument optimistes, humanistes, nous croyons en la responsabilisation des hommes, individuelle et collective, nous croyons à l'engagement, à la puissance de son impact, et aux vertus de l'héritage, celui qu'on nous lègue mais surtout celui que nous laisserons.

C'est au cours de cette quête des « signaux faibles qui disent quelque chose de demain » que nous avons rencontré les développeurs et sommes tombés sous le charme de cette population complexe. Nous avons cherché à les comprendre, et surtout à comprendre pourquoi tant ne les comprenaient pas. Et nous avons compris : quand ils nous parlent de *leur* monde, ils nous parlent *du* monde. Du monde de l'entreprise, chahuté. Du monde tout court, bouleversé. De toutes ces choses qui bougent, qui changent, qui nous effraient, qu'on ne veut pas voir. Décoder les développeurs, c'est lever le voile sur l'immensité des défis, des difficultés et des opportunités qui attendent les collaborateurs, les managers, les entrepreneurs, les citoyens et les humains dans les années à venir.

# Préambule

*Ce fut le moment que choisit le théoricien pour me glisser que Lindon appartenait quand même à une autre génération de l'informatique. Il programmait sans réelle méthode, un peu à l'intuition [...] Ayant enfoui Louis Lindon dans les brumes du passé, le théoricien put enchaîner sur son thème de prédilection : selon lui, la production et la circulation de l'information devaient connaître la même mutation qu'avaient connue la production et la circulation des denrées : le passage du stade artisanal au stade industriel.*

*Michel Houellebecq,* Extension du domaine de la lutte.

Dans cet extrait de 1994, Michel Houellebecq caresse déjà, avec beaucoup d'instinct, les égarements qui enverront nombre de programmeurs français du XXIe siècle dans un mur. L'auteur détaille la transition qui s'opère, menée par les « théoriciens » et qui réclame que les vieux programmeurs, comme Lindon, cessent de programmer « à l'intuition », pour employer des méthodes standardisées, industrielles. Le « théoricien » défendra plus loin dans l'extrait la méthode Merise, qui s'est imposée aux milieux largement informatisés à la fin du XXe siècle. Dans les années 1990, le numérique promet des bouleversements démesurés, et, sous l'impulsion des « jeunes », se profile un avenir radieux, une civilisation connectée, aux allures de société parfaite. L'informatique, prise dans un mouvement erratique dont on prévoit toutefois l'issue heureuse, mérite une discipline, et commande de cesser de programmer au nez, de bidouiller, pour rationaliser. Pour cela, les « théoriciens » de l'informatique défendent les similitudes entre le matériel et l'immatériel, entre l'information et le bien de consommation, entre les logiciels et les voitures[1]. Cette confusion invite alors l'industrie à se saisir de l'informatique, à usiner en série des lignes de logiciels standardisés, pour couvrir les besoins d'une masse de consommateurs. Au tournant du millénaire, on a voulu automatiser les automates, programmer la programmation.

De cette incursion des méthodes froides de l'industrie dans la création de logiciels, nous en voilà revenus. Aujourd'hui, programmer se rapproche du travail léché de l'artisan, sans pour autant revenir à l'informatique des origines. En informatique, le vocabulaire se réélabore au gré des courants, des querelles de méthodes. Par exemple, les « théoriciens » du troisième millénaire s'inventent « analystes-programmeurs » et deviennent des professionnels, assermentés, qui travaillent en temps record, nettoient tout, selon le mode opératoire qu'organise le stade industriel. Ils relèguent les « informaticiens » dans la pénombre, ces couteaux suisses affûtés dans les années 1960, affectés à l'informatique en général, vaste continent hermétique à la grande majorité des Français. Autant de Louis Lindon, pionniers du numérique, qui formaient du personnel, écrivaient des logiciels, assuraient la maintenance des systèmes, touchaient à tout sans que le reste du monde ne discerne vraiment leurs tâches.

Quand s'est fragilisé le stade industriel, et qu'une programmation moins sauvage faisait son trou, les « développeurs » chassèrent donc les analystes-programmeurs[2]. Ces derniers avaient

---

1. Le « théoricien » emploiera plus loin l'expression « zéro défaut », qui renvoie à un des piliers du toyotisme, mode d'organisation du travail né dans des usines automobiles japonaises.
2. Même si la fonction de développeur n'existe pas à proprement parler dans beaucoup de services, et que les grilles indiciaires conservent l'appellation « analyste-programmeur ». Voir le Décret n° 71-343 du 29 avril 1971 relatif aux fonctions et au régime indemnitaire des fonctionnaires de l'État et des établissements publics affectés au traitement de l'information, dont la dernière modification remonte au 12 août 1989.

au moins le mérite d'annoncer leur fonction dans les entreprises : ils analysaient, puis programmaient. En comparaison, les développeurs paraissent cultiver le flou, comme les informaticiens avant eux. En réalité, cette appellation correspond parfaitement aux nouvelles exigences de la programmation. En univers incertain, les développeurs conçoivent des applications intelligentes, qui répondent aux sollicitations du marché, aux soubresauts de l'économie. Ils prouvent qu'un logiciel ne se fige jamais véritablement, qu'une fois implanté, terminé, une seconde vie l'attend, une vie de développement, de déploiement et de redéploiement de ses fonctionnalités. Les développeurs sont ainsi apparus quand le métier se retournait sur lui-même, se calquait sur l'artisanat initial.

À la différence d'un informaticien, un développeur n'embrasse pas tout le spectre de l'informatique dans sa fiche de poste. Se distinguent les développeurs web des développeurs réseaux, des développeurs système... Toutefois, un même outil rassemble tous les développeurs : le code, ce nom donné à l'interface entre l'Homme et la Machine. Tous les développeurs codent, entrent des lignes de commande compréhensibles par l'ordinateur, qui prescrivent les équivalences entre instructions et opérations. Comme un passeport vers les circuits secrets de l'informatique, le code ferme l'accès aux profanes, aux non-initiés, il est le cauchemar des uns, le sésame des autres. Le code offre par ailleurs le moyen d'identifier, et ainsi de distinguer les entités qui tombent sous son empire. En ce sens, le code recouvre à merveille les enjeux actuels du développement logiciel, où chaque application prétend être unique, singulière : comme chaque produit a son code-barres, chaque être humain son code génétique, chaque logiciel a son code.

Ce livre aimerait reconnaître les mérites des développeurs, élaguer les forêts sombres du « développement », du « langage », du « code », pour éclaircir les sous-bois qui effraient les entreprises.

Vingt-trois entretiens conduits avec des développeurs de toutes obédiences servent de fondement à cet ouvrage, enrichi de diverses considérations sociologiques[1]. Les managers trouveront dans ce travail des clés de compréhension d'une profession encore jeune, ne rentrant pas dans les carcans traditionnels du management. Les lecteurs curieux n'ayant aucune connaissance du développement logiciel pourront entrevoir l'activité des professionnels et appréhender les grands traits du monde à venir, un monde que les développeurs influencent très certainement. Les développeurs eux-mêmes trouveront certainement plaisir à enfiler le costume du cobaye, à critiquer certains points, à en réaffirmer d'autres.

Quel que soit son statut, chaque lecteur est invité à découvrir ce métier formidable, ces « cols ciel », ni cols blancs ni cols bleus : ces chairs de cadres hantées par une conscience ouvrière.

1. Plusieurs grands classiques de la littérature sociologique s'appliquent en effet à merveille à notre objet d'étude.

*Première partie*

# Les marchands de données

*Chapitre 1*

# Coder

Pour qualifier au mieux le travail des développeurs, commençons par définir la programmation comme un subtil jeu d'écriture.

## ÉCRITURE ET MATIÈRE

Avec le numérique et la possibilité de se confier à la machine s'accomplit un pas nouveau, comparable à l'invention de l'écriture et de l'imprimerie. À chacune de ces trois étapes, l'homme trouve un autre moyen d'extérioriser[1] du savoir, d'extirper hors de sa mémoire des contenus figés dont il s'agit de conserver au mieux la trace.

L'écriture offre aux premiers scribes l'outillage nécessaire pour coucher sur un support des remarques, des pensées, des listes... Les parchemins, papyrus, palimpsestes corrigent les incuries de la mémoire humaine, ses caprices, qui limitaient la confiance des hommes en leurs souvenirs. Toutefois, l'effort humain de l'écriture, de la recopie, malgré la créativité qu'il engage, rendait fastidieuse la tâche des moines copistes qui s'usaient la rétine à la lueur des bougies. La progression du savoir, sa diffusion, imposait aux copistes un travail de très longue haleine,

1. Nous reprenons ce verbe très approprié à André Leroi-Gourhan dans *Le Geste et la Parole, 1. : Technique et langage,* Albin Michel, 1964-1965 : *« Plus positivement, on constate que pour profiter au maximum de sa liberté en échappant au risque de sur-spécialisation de ses organes, l'homme est conduit progressivement à extérioriser des facultés de plus en plus élevées. »*

jusqu'au perfectionnement de l'imprimerie par Gutenberg au début des années 1450. Partant d'un modèle déjà rédigé, les presses à imprimer reproduisent aisément la disposition des caractères sur le papier, et l'encre du modèle d'origine contamine vite d'autres espaces cellulosiques.

Le numérique combine les avantages de l'écriture et de l'imprimerie. Il n'y a pas de processus créatif dans l'impression, là où, au moment de l'écriture, tout reste à inventer. Concevoir un document informatique ressemble à la rédaction sur une feuille imaginaire, soutenue par une infinité de papiers carbone, dont on peut revoir à tout moment la volumétrie : la reproductibilité immédiate des données numériques permet d'écrire un exemplaire unique ou des millions de copies. Que l'on compile des factures, écrive ses mémoires ou développe un logiciel, le moindre caractère inscrit dans un environnement numérique se duplique déjà à l'infini.

Toutefois, le numérique n'est pas pour autant l'affranchissement de la matière, mais une diminution, un amincissement de la contrainte matérielle. Les écrans, microprocesseurs, claviers, s'imposent à qui veut programmer, de sorte que la programmation, si numérisée qu'elle soit, rend toujours des comptes à la matière. De la même manière que la lecture répétée d'un livre l'use et efface le texte, un logiciel perd ses moyens devant les foules d'utilisateurs. Il « bugge », comme si des lignes de code disparaissaient. C'est le problème bien connu de la scalabilité : un logiciel destiné à mille personnes ne supportera pas une affluence largement supérieure. Les problématiques ressemblent finalement à celles qui concernent les objets matériels. Tout le défi posé aux développeurs de Facebook consistait à reprogrammer l'application, conçue au départ pour réunir les étudiants de Harvard, et développer un outil d'envergure mondiale.

## Écriture et langage

Les développeurs écrivent du code dans des langages précis : C, C++, Ruby, Java, Fortran, COBOL, OCaml. Un langage de programmation possède des mots précis pour ordonner telle ou telle opération à la machine, et une grammaire propre, qui commande l'ordre des signes, qui prescrit la nature des arguments appliqués à une fonction. Pour comprendre comment un langage informatique fonctionne, il faut s'imaginer une boîte à outils simple, contenant des vis, des écrous… Le programmeur doit aider les maçons à mettre sur pied une maison. Que va-t-il faire en premier lieu ? D'abord bricoler une bétonnière, un niveau de charpentier, des outils plus élaborés pour ses collègues, à partir des outils rudimentaires de la boîte. Si la maison se dresse en terrain accidenté, il concevra des pelles, des instruments nécessaires pour déplacer la terre et niveler la surface à construire. Si, au dernier moment, les architectes optent pour une armature de bois, alors le programmeur assemblera des scies à bois, une pour chaque famille de bûches, pour chaque espèce de rondins. Puis le programmeur positionnera sur le chantier les différents outils, agencera les postes de sorte que la poutre taillée dans les bonnes dimensions terminera sa course dans les bras d'une grue. Le chêne avec le chêne, le ciment fondu sous la gaine, tout est méticuleusement calculé. Reste aux ouvriers à conduire la matière dans le parcours programmé. Des matériaux de construction entrent sur le chantier et en sortent façonnés, disposés au bon endroit selon le dessin de l'architecte. L'opération reproduite un nombre défini de fois produit la maison fabulée.

Cessons ici l'analogie. Un développeur utilise des outils informatiques, des fonctions rudimentaires, comme la multiplication de deux entiers, le compte du nombre de lettres dans un mot, pour élaborer des outils plus complexes, des fonctions de tris, qui calculent des moyennes de série de chiffres, qui transforment les nombres rationnels en un quotient… Agencées dans un programme, ces opérations n'attendent plus que leurs intrants : les données spatiales de l'utilisateur pour l'orienter, les décisions du joueur pour activer le personnage sur l'écran, les coordonnées bancaires du payeur. C'est la possibilité de créer des combinaisons infinies à partir d'opérations minimales qui a conduit les premiers informaticiens à parler de « langage de programmation ». Il n'y a pas de grande différence entre la phrase, cet équilibre des signifiants[1] et des signifiés[2] qui se résout dans le sens, et les lignes de code, qui portent un message à la machine par l'intermédiaire de fonctions élémentaires arrangées intelligemment. Les développeurs maîtrisent un langage de programmation quand ils en connaissent le vocabulaire (le nom des fonctions et les concepts associés[3]) et la grammaire, les lois qui règlent l'ordre des mots, des caractères. En langage informatique, les mots ne valent pas pour leur signification, puisque le programmeur baptise à sa guise les fonctions et les processus lorsqu'il les crée. Sa force, il la tient du pouvoir de création qui est le pouvoir du verbe[4], de la nomination. Là où le langage humain compile les lettres en mots et les mots en phrase pour réserver

1. En linguistique, on appelle « signifiant » le dessin des lettres, l'instrument qui sert à signifier. La boucle dessinée qui représente la lettre « a » est un signifiant. Dire de ce dessin qu'il exprime le verbe « avoir » conjugué au présent à la troisième personne du singulier, c'est donner une signification au signifiant.
2. De même, on appelle « signifiés » les idées mentales, les concepts que l'on associe au dessin des mots. L'action d'avoir pour un sujet est le signifié attaché au dessin « a ».
3. Par exemple, la fonction *« if »* consiste, dans bien des langages, à exécuter un ordre, si une condition préalable est vérifiée. Dans les interfaces numériques de sites Internet, si la personne prise en charge par le logiciel est mineure, alors la fonction *« if »* commandera à la machine de demander l'identité de son représentant légal à l'utilisateur.
4. En ce sens, les développeurs possèdent un véritable pouvoir démiurgique. Rappelons que dans le premier chapitre de la *Genèse,* Dieu crée les choses en les nommant.

du sens, le langage informatique combine des opérations élémentaires pour enfermer un processus, parfois très élaboré[1].

Jusqu'à quel point ces deux formes de langage sont-elles comparables ? Pour y répondre, il faut définir au plus près le langage humain. Le linguiste Émile Benveniste nous y invite, dans *Problèmes de linguistique générale I* au chapitre « Communication animale et langage humain ». L'auteur y étudie la communication des abeilles dans les ruches pour s'échanger les coordonnées des fleurs à butiner. En confrontant ce mode d'expression au langage humain, Benveniste réaffirme les traits typiques de notre faculté à communiquer. À l'épreuve de cette définition, les outils de programmation informatique perdent leur statut de « langage ». En effet, les mots utilisés dans la programmation ne « symbolisent » pas une réalité extérieure au langage, une réalité tangible, ils sont autant de raccourcis pour sommer une fonctionnalité de s'exécuter, sans avoir à signifier. Ces mots demandent plus qu'ils n'expriment, ils ne forment que des énoncés performatifs[2].

---

1. Google est un bon exemple : ce service très puissant repose essentiellement sur des lignes de code.
2. Dans *Quand dire, c'est faire,* Éditions du Seuil, 1970, John L. Austin nomme « performatifs » les énoncés du langage qui ont une résonance dans le monde, qui activent quelque chose hors du langage. C'est l'annonce du maire qui marie deux amants, la promesse d'un dîner ou d'une soirée ensemble. Dire « Cette table est bleue. » n'est pas un énoncé performatif, car le fait de dire que la table est bleue ne modifie aucun objet dans le monde réel, la table demeure bleue, et l'énonciateur ne fait que constater sa couleur. À l'inverse, dès que le maire marie des époux, ils forment alors immédiatement un couple, leur statut se trouve modifié à la simple énonciation par l'autorité municipale de la phrase : « Je vous marie. » C'est ce qui fait de cet énoncé un énoncé performatif. Les langages informatiques ne sont formés que d'énoncés performatifs. Ils ne servent pas à faire des constats, mais bien à modifier quelque chose, le programme dans son ensemble.

S'il n'y a pas de « langage » à proprement parler dans la programmation, c'est parce que tout reste affaire de signaux dans un programme, qu'un logiciel ne sort jamais de lui-même pour pointer vers une réalité extérieure, il ne se surimprime pas sur le monde, comme le font les noms de fleurs, d'animaux, de villages… *« Jusqu'ici nous trouvons, chez les abeilles, les conditions mêmes sans lesquelles aucun langage n'est possible, la capacité de formuler et d'interpréter un "signe" qui renvoie à une certaine "réalité", la mémoire de l'expérience et l'aptitude à la décomposer »* écrit Benveniste.

Pour cette raison, le langage informatique ne rend pas possible le dialogue, il n'affirme rien et donc n'attend pas de réponse, il prescrit à un ordinateur toujours docile une suite de commandements sur lesquels il n'y a pas lieu de revenir. Comme le dit Benveniste pour qualifier la communication des abeilles *« ce n'est pas un langage, c'est un code de signaux »*, phrase tout à fait appropriée aux outils de programmation informatique. Comme le Code de la route, qui combine des instruments élémentaires – panneaux, marquages, configurations spatiales, carrefours giratoires ou non – et en tire des règles, des processus, des ordres de passage, le code informatique ne correspond pas, à proprement parler, aux produits d'un langage[1]. Cela ne lui ôte pas pour autant sa prodigieuse créativité !

1. Dans *Condition de l'homme moderne* (1958), Hannah Arendt compare le langage scientifique et le langage humain, formulant des conclusions qui s'appliquent finalement assez bien aux langages de programmation : *« Car les sciences ont été contraintes d'adopter une « langue » de symboles mathématiques qui, uniquement conçue à l'origine comme abréviation de propositions appartenant au langage, contient à présent des propositions absolument intraduisibles dans le langage. »*

## ÉCRITURE ET RATIONALITÉ

En systématisant les procédures et les ordres transmis à la machine, le code rationalise le traitement de données. Il marque une étape supplémentaire dans la réflexion des gestionnaires d'organisation, de ces chefs d'orchestre qui entendent abolir le hasard. L'entreprise, l'État, pour être performants, doivent reposer sur des modèles standardisés, aux résultats prévisibles et sans exception. Le processus de rationalisation, très bien décrit par Max Weber[1], conduit les agents à promouvoir et utiliser des méthodes très cadrées comme la comptabilité en partie double[2], ou la méthode *Merise*[3], pour piéger la réalité économique, capturer ses irrégularités, et les redresser[4]. Le logiciel participe de ce mouvement de rationalisation des activités humaines, il ne fait que proposer des moyens, du code, pour atteindre une fin : le service que doit rendre le logiciel. Les développeurs inventent des algorithmes, des suites de commandes, exécutées

1. *Économie et société* (posthume, 1921), traduction du tome 1 par Julien Freund, Plon, 1971.
2. Cette méthode de comptabilité, introduite à la fin du XVe siècle, utilise des comptes « débit » et « crédit », pour répertorier les flux financiers et rationaliser la gestion.
3. Voir le préambule.
4. Olivier Godechot, dans *Les Traders,* La Découverte, 2001, donne une belle étude du terme de « rationalisation » : « *Ce concept de rationalisation n'est certes pas véritablement défini dans l'œuvre de Weber, mais on peut le caractériser à partir de la définition wébérienne du comportement rationnel en finalité : "Agit de façon rationnelle en finalité celui qui oriente son activité d'après les fins, moyens et conséquences subsidiaires, et qui confronte en même temps rationnellement les moyens et la fin, la fin et les conséquences subsidiaires et enfin les diverses fins possibles entre elles."* » Le texte cité provient de *Économie et société.*

dans un ordre précis[1] qui doivent aboutir à coup sûr au résultat. À telle fin ou tel résultat attendu, les programmeurs associent tel ou tel moyen : l'irruption de l'algorithmique dans les entreprises pousse ainsi plus loin le phénomène de rationalisation.

La programmation algorithmique ne commence pas avec les développeurs. Les historiens des mathématiques ont coutume de dire que le métier à tisser Jacquard marque la science : grâce à un système de cartes perforées, le métier à tisser sélectionne les fils correspondants au motif précis[2]. Les tisserands et industriels qui maîtrisent l'outil peuvent confectionner leurs propres cartes et ainsi reproduire des motifs. Le code s'assimile à la carte perforée, comme le lieu où se programme l'outil. L'interface numérique permettant d'encoder des données, de les mémoriser, pour ensuite les traiter *via* les algorithmes développés rend le développement informatique très souple, très fonctionnel.

1. Un algorithme bien connu des collégiens est l'algorithme d'Euclide, qui consiste à trouver mécaniquement le plus grand commun diviseur de deux nombres entiers après répétition de divisions euclidiennes.
2. André Leroi-Gourhan en parle dans *Le Geste et la Parole, 1. : Technique et langage,* Albin Michel, 1964-1965 : il évoque l'horlogerie et le métier à tisser dans son chapitre « Le programme et la mémoire mécaniques ».

*Chapitre 2*

# Les services numériques : des biens hybrides

Les applications développées soulèvent des enjeux commerciaux certains. Considérer les programmes comme des biens et comprendre leurs caractéristiques économiques permet de les définir mieux encore.

## Un coût marginal nul

| | Exemple | Coût marginal | Évolutivité | Limitation du produit | Spécification | Rythme de l'obsolescence |
|---|---|---|---|---|---|---|
| Service | Coupe de cheveux | Faible | Sous réserve de formation | Oui | Du souhait à la standardisation | Lent |
| Bien numérique | Logiciel | Nul | Nécessaire | Non | Idiosyncrasie | Imprévisible |
| Bien matériel | Voiture | Important | Rare | Oui | Standardisation | Rapide |

Ce tableau détaille les grandes différences entre trois types de biens. Nous le verrons, certaines comparaisons, pas toujours légitimes, permettent néanmoins de qualifier à gros traits les biens numériques. Les concepts centraux de la microéconomie s'appliquent très bien ici. Le coût marginal d'un bien représente la somme qu'il faut débourser, alors que l'on a déjà construit plusieurs biens, pour produire un bien supplémentaire. Pour le logiciel, le coût marginal est toujours nul : il suffit d'avoir conçu un exemplaire, pour automatiquement disposer d'une infinité de répliques, pour un coût nul.

Dans quelle mesure une coupe de cheveux peut-elle évoluer, se raffiner, respecter les subtilités de chaque type de cheveux ? Sous réserve que le coiffeur suive des formations, quitte sa zone de confort et les sièges de son salon pour suivre des cours. Toute sa vie, le coiffeur pourra continuer de travailler sans forcément avoir à revoir ses méthodes, pratiques, et savoir-faire… Au contraire, pour un programmeur, maintenir l'évolutivité du logiciel est partie intégrante du travail : faire grandir un logiciel peut exiger que le programmeur apprenne de nouvelles techniques. Il sait qu'il devra toujours reprendre ses lignes de code, les simplifier, les densifier, les prolonger. Pour cette raison, un logiciel ne se referme jamais définitivement.

Ce n'est pas le cas d'une voiture qui, une fois fonctionnelle et de bonne facture, fait ses adieux à l'usine s'en allant fendre l'air. La plupart des utilisateurs ne ressentiront pas le besoin de refaire la carrosserie, de vitaminer le moteur ou d'agrandir le coffre. L'évolution du produit demeure un luxe, la voiture ayant plutôt vocation à coller pour toujours à son modèle initial. Quant à la coupe de cheveux, elle dérive du modèle enseigné en école de coiffure, selon les souhaits particuliers des clients. Sur une base très standardisée, la coupe type, se branchent les exigences des têtes coiffées. Dans le logiciel, ce noyau se réduit à l'essentiel, aux fondations minimales qui permettent juste à l'outil de s'intégrer sur les ordinateurs. Selon les besoins des clients, des utilisateurs, des entreprises et des particuliers, chaque logiciel offrira des services différents et regroupera des fonctionnalités spécifiques. Si le manque cruel de développeurs secoue le marché du travail, c'est que s'écrivent et se reprennent toujours plus de logiciels, répondant aux besoins précis identifiés par les entreprises : les logiciels deviennent des actifs idiosyncrasiques[1].

Ce tableau se prend lui-même au piège. Si les programmes se spécifient de plus en plus, et s'écartent les uns des autres à mesure qu'ils s'élaborent, autant ne pas tous les regrouper sous le terme générique de « logiciel ». D'autre part, parler de logiciel interdit d'étudier les applications Web comme Google, Deezer ou Wikipedia, qui mobilisent pourtant des développeurs chargés de composer les programmes. Pour la suite, préférons donc le concept d'« application ». Quel est le dénominateur commun à toutes les applications ? Toutes rendent un service, remplissent une fonction qui plaît à l'utilisateur. Google filtre les liens pertinents dans le fourmillement du Web ; Excel manipule des données statistiques ; les logiciels de comptabilité affectent les factures, traitent les notes de frais et équilibrent les bilans. L'application encapsule et rend possible un service. Comme le service « laver sa voiture » requiert l'équipement matériel adéquat, le service « ombrager cette image » demande l'application Photoshop. L'application traite un service afférent à des données. L'application numérique s'oriente dans un univers d'information et apprécie, trie, fusionne les données au bon vouloir de l'utilisateur. Éventuellement, des interfaces physiques (machines, humains eux-mêmes) prennent le relais et réenveloppent le service initial, le prolongent dans le monde matériel. Les applications de rencontre partent ainsi d'un renseignement numérique, l'adéquation de deux profils, que rallongent les processus humains de la séduction. La discussion sur le chat complète le traitement numérique pour que l'application exauce finalement le service promis : « Trouver l'âme sœur. »

Où sont alors les développeurs ? En amont : ils conçoivent l'application qui fournira telle ou telle commodité, qui rendra

1. Des actifs sont dits « idiosyncrasiques » s'ils sont hautement spécifiés, propres à une situation unique et singulière.

possible le service numérique. Ce n'est pas tant un hasard si l'on emprunta des termes au bâtiment pour inventer la terminologie du développement logiciel[1]. Les bâtisseurs, comme les développeurs, œuvrent pour rendre des services possibles, pour édifier des maisons de soins, des lieux de culte… Sans hôpitaux, salles de prière, grandes surfaces, impossible d'accéder aux commodités qui correspondent. Les développeurs basculent les savoir-faire des travaux publics dans l'espace immatériel des données et de l'information. Les développeurs, comme les maçons, les charpentiers, les électriciens, les plombiers, bâtissent les architectures qui abriteront des services. Dans le monde numérique comme dans le monde matériel, les services peuvent, ou non, nécessiter du personnel. De même, traiter des images sur Photoshop exige le toucher d'un professionnel, quand une recherche Google ne nécessite pas d'intermédiaire entre l'application et le bénéficiaire du service.

## Le logiciel dans la typologie des biens

| Bien commercial (Coca-Cola) | Application privée (Excel) | Bien commun (Potager solidaire) | Application publique (Google) | Application ouverte (Mozilla) | Application libre (Linux) |
|---|---|---|---|---|---|
| Bien privé<br>Excludable[1]<br>Rival[2]<br>Non-reproductible<br>Recette secrète<br>Enjeu commercial | Bien club<br>Excludable<br>Non-rival<br>Non-reproductible<br>Recette secrète<br>Enjeu commercial | Bien commun<br>Non-excludable<br>Rival<br>Non-reproductible<br>Recette connue<br>Enjeu social | Bien public<br>Non-excludable<br>Non-rival<br>Non-reproductible<br>Recette secrète<br>Enjeu commercial | Bien public<br>Non-excludable<br>Non-rival<br>Reproductible<br>Recette connue<br>Enjeu commercial | Bien public<br>Non-excludable<br>Non-rival<br>Reproductible<br>Recette connue<br>Enjeu social |

1. Un bien est excludable s'il n'est pas ouvert à chacun, ou exige que les utilisateurs paient un coût d'entrée. Un parc d'attractions, une piscine sont des biens excludables.
2. Un bien est rival si l'utilisation de ce bien par des utilisateurs perturbe l'utilisation de ce bien par d'autres utilisateurs. Le muguet dans les forêts de mai, une salle de cinéma sont des biens rivaux. Un lampadaire éclairant une rue étroite est un bien non-rival.

1. Nous détaillerons plus loin cette terminologie.

Ce tableau reproduit l'analyse microéconomique du logiciel, entamée plus haut dans l'ouvrage, mais mobilise des concepts issus de l'économie publique et de l'économie des biens collectifs. Le numérique, en desserrant considérablement les contraintes liées à la matière, produit des biens non-rivaux. La quantité limitée de terre, de pommes, de graines, dans les potagers collaboratifs, les « communs[1] », imposait aux usagers de se mesurer et de ne pas assécher les ressources communes. La rivalité des biens communs s'explique ainsi.

1. Les « communs » renvoient à des espaces ou des équipements utilisables par tous : des terres arables, des fours mis à disposition. Plusieurs travaux s'efforcent de penser le retour des communs, en particulier *via* les logiciels libres.

*Chapitre 3*

# Des familles de développeurs

Tous les développeurs ne vivent pas leur métier de la même façon. On aurait bien tort de croire que ces artisans du code se jettent tous corps et âme dans la défense de leurs intérêts, dans la critique véhémente d'un capitalisme ensauvagé ou dans la passion béate pour les technologies avant-gardistes. Plus justement, l'écrasante majorité des développeurs opère, code pour que le programme fonctionne, sans véritable ambition militante. Trois grandes familles de développeurs apparaissent ainsi. Il ne s'agit ici que d'idéaux-types[1], qui n'existent pas en tant que tels, mais constituent des pôles auxquels les développeurs empruntent tels ou tels traits. Certains se reconnaîtront parfaitement dans un des trois portraits, quand d'autres se positionneront entre deux familles.

## Les développeurs de cœur

Même si, en nombre, ils demeurent minoritaires, les développeurs actifs dans les communautés, à l'affût des dernières technologies et parfois syndiqués, sont de tous les combats. Ce cœur palpitant au rythme de la Silicon Valley constitue l'organe vibrant de la profession, et assume des missions diverses. Ces

1. Ce terme, emprunté à Max Weber, est synonyme de « exemples types ». Les idéaux-types n'existent pas réellement dans les faits, mais constituent des modèles, des façons de grossir les traits d'une réalité, pour mieux l'expliquer.

amoureux de la profession ne séparent bien souvent pas leur travail professionnel de leur vie familiale et privée. Au plus, la programmation au bureau n'est qu'un appendice d'un tout plus large, le tout de la participation du développeur à l'histoire du numérique. Ces développeurs investis et bien souvent très aguerris, partagent tous un contact précoce avec l'informatique. Qu'ils y viennent en gagnant l'ordinateur familial, par surprise dans les méandres des études, ou par trucage astucieux des jeux vidéo, ils se targuent tous de « bidouiller[1] » dans leur jeunesse et se perdent des heures durant à comprendre la mécanique infinitésimale des microprocesseurs.

En 1996, seuls 15 % des ménages sont équipés d'un ordinateur[2] nous dit l'enquête permanente sur les conditions de vie des ménages, et seulement 28 % de ces ménages ont un accès, bien souvent capricieux, à Internet. Les jeunes nés dans les années 1980 et venus à la rencontre de l'informatique *via* le poste familial forment ainsi une sous-population à part. Puisque trône un ordinateur dans seulement un ménage sur sept en 1996, les enfants précoces du numérique découvrent souvent seuls les outils, les programmes, le langage de la machine, sans pouvoir aisément réclamer l'assistance de camarades plus chevronnés, de professeurs ou d'instituteurs référents. Les voilà mus par une solide volonté d'en appendre davantage, de discipliner les connaissances brouillonnes de l'autodidacte, et d'enfin rencontrer des pairs, des enseignants spécialisés qui sauraient redresser leurs boitillements. Beaucoup savent à ce moment

1. Il n'est pas étonnant que ce terme revienne fréquemment dans le discours de ces développeurs modèles. « Bidouilleur » passe pour une traduction commode de « hacker ». C'est la proposition de Sébastien Blondeel dans sa traduction de l'essai classique d'Eric S. Raymond, *La Cathédrale et le Bazar*.
2. Yves Frydel, « Un ménage sur deux possède un micro-ordinateur, un sur trois a accès à Internet », *Insee Première,* n° 1011, mars 2005.

qu'ils vivent un moment charnière. Empruntant une voie technique appelée à déboucher facilement sur les métiers de demain, ces étudiants passionnés approfondissent leurs connaissances et trouvent aisément, au tournant des années 2000, une place en entreprise.

Les adolescents des années 1990 ont vécu successivement l'arrivée des premiers ordinateurs dans les ménages, et l'appel d'air énorme dans les entreprises françaises qui recrutaient des informaticiens à tour de bras. Bien sûr, tous les experts du développement logiciel ne se reconnaîtront pas dans ce parcours idéal-typique, et des exceptions gravitent naturellement autour de ce modèle. Que ce genre de parcours ait pu être anticipé par des programmeurs en herbe dans les années 1980 n'est pas le propos. De même, certaines têtes de pont des communautés de développeurs aujourd'hui ont touché leurs premiers programmes en école d'ingénieur, la vingtaine bien entamée, la fougue adolescente bien consumée. Reste que le cœur des développeurs conserve aujourd'hui les grands marqueurs culturels qui identifient cette génération des années 1990. On parle ainsi d'une sous-population de développeurs rompus à la programmation autonome, virtuoses de prouesses et d'astuces. D'abord autodidactes et engagés dans des projets personnels de plus en plus sophistiqués, ces développeurs conservent une certaine fierté, celle d'avoir été des sortes de voyants, investissant avant tout le monde un secteur alors inconsidéré. Désormais vengés dans un monde qui se les arrache, ils cultivent ce sentiment d'exception et entretiennent leur propre estime par des marqueurs identitaires forts : nostalgie des années fastes, vénération de technologies brillantes mais désuètes, reconnaissances par leurs pairs…

Assidus dans les *meet-up*[1] et dans les conférences, ils fréquentent, par ailleurs, de nombreux sites de veille technologique et débattent avec d'autres développeurs des produits du moment. Leurs points de rendez-vous sont le site Hacker News, sorte de café du commerce des développeurs, la plateforme GitHub, qui héberge des projets *open source* et des logiciels libres balbutiants, et Stack Overflow, sorte de forum de questions-réponses sur des sujets liés à la programmation. Si la maîtrise de ces trois outils de base fait nécessairement partie du bagage minimal de tout développeur, l'activité sérieuse, renouvelée et critique sur ces sites discrimine les grands développeurs des apprentis ou des vulgaires « codeurs ». D'autre part, les développeurs de cœur ne se satisfont pas toujours des responsabilités qui leur incombent : nombreux sont les développeurs qui prolongent à leur domicile une activité de développement logiciel. Les plus organisés créent leurs propres applications, profitent de l'engouement pour les objets connectés pour concevoir des pièces à la température autorégulée, ou tiennent des blogs d'humeur. Les autres partagent, compilent leurs solutions dans des projets *open source,* et rendent des services à toute la planète, attendant une gratification symbolique ou un service en retour.

Qualifier la conscience professionnelle particulière du développeur, c'est bien la replacer dans son déroulé historique. Le développeur expert et préoccupé par son art vit une histoire bouillonnante faite d'innovations incessantes, de produits neufs à l'obsolescence fulgurante et de questions éthiques pour le futur. Ce rôle prégnant dans le développement technique n'empêche toutefois pas les programmeurs de regarder l'avenir avec prudence et parfois méfiance : trop de technologie tuerait la technologie.

1. Les *meet-up* sont des rencontres physiques qui animent les communautés virtuelles et au cours desquelles les développeurs échangent, s'apprennent, se retrouvent.

## Les apprentis

Cadets d'une dizaine d'années de la catégorie précédente, ce sont les nouveaux venus dans le numérique professionnel. Il a suffi de dix années pour que le parc informatique français évolue considérablement. En 2005, un ménage sur deux s'équipe d'un ordinateur[1], et déjà le rapport au numérique des jeunes générations évolue. La découverte de la programmation par les apprentis n'a ainsi rien de cette rencontre fortuite, un soir après l'école, avec la machine inconnue et ronflante du bureau familial. Bercés dès leur enfance par les tintements des messageries instantanées, cette nouvelle génération reflète une jeunesse non plus confrontée au vide abyssal de l'inculture informatique des proches, mais plutôt environnée par un tissu numérique dense, avec ses maillages étroits de réseaux et ses points de passage. Les apprentis autodidactes ne possèdent plus les mêmes réflexes que leurs prédécesseurs bidouilleurs de l'impossible. À partir de 2005, Internet faisant, il devient plus simple de trouver assistance en ligne au moindre problème, d'interroger des professeurs ou des amis. L'autonomie et la débrouillardise changent d'apparence. Le véritable écart se situe dans la prise de risque. Quand les développeurs seniors choisissent le métier, nul ne sait encore où leur courage les mènera. Les juniors, au contraire, pressentent la prometteuse lame de fond qui enveloppe petit à petit les secteurs du numérique. Le déferlement des apprentis sur le marché du travail ne ressemble en rien à la divine surprise qui attendait les développeurs de cœur au tournant du millénaire. Ces derniers firent aisément leur trou sur un marché du travail hospitalier et demandeur de passionnés.

Ces jeunes loups, affamés pour la plupart, connaissent deux parcours types. Les premiers, les plus nombreux, quittent tout



1. *Ibid.*

juste les bancs des établissements d'enseignement supérieur. Ils manifestent une bonne volonté, une envie d'apprendre et de s'intégrer dans les *meet-up,* communautés et autres groupes d'appartenance. Les seconds approchent le numérique par la petite porte et viennent nuancer le tableau précédent. Les trentenaires et jeunes quadragénaires sensibles à l'informatique pendant l'adolescence, mais ayant manqué du je-ne-sais-quoi qui avive la flamme pour toujours, se reconnaîtront dans cette catégorie. Le succès de la profession de développeur et l'affaiblissement du coût d'entrée convainquent ces travailleurs en crise de se former et d'aller filtrer dans le code leur élixir de jouvence. On les retrouvera, par exemple, dans les ministères et autres administrations publiques qui souffrent des lacunes accumulées dans leurs architectures réseaux, leurs intranets et leurs lignes de code sous-jacentes. Brigitte me confie que l'âge moyen dans le service informatique de son ministère est élevé. Elle identifie par ailleurs plusieurs collègues ayant suivi le parcours décrit ci-dessus. En cause, la faible attractivité pour les jeunes du développement Web et de la conception d'applications dans les ministères et administrations publiques. Brigitte[1] rattache cette rétivité des ministères à l'inculture technique des fonctionnaires : « Ici, on nous confond avec la maintenance » me confie-t-elle.

Un échange fécond et doublement profitable s'établit entre les développeurs de cœur, experts de la première heure, et les apprentis. Pour chaque partie, les enjeux sont pluriels. Conformément aux méthodes de formation, proches parfois du compagnonnage, les développeurs de cœur enseignent les à-côtés du code, le développement en commun. Beaucoup d'apprentis savent coder, mais ne savent pas coder ensemble.

1. Tous les prénoms sont ici fictifs pour rendre anonymes les développeurs interrogés.

Pour les étudiants, les projets pédagogiques qui sanctionnent le franchissement des années d'études ne suffisent pas à apprendre les subtilités du code en groupe, et la division du travail en entreprise est souvent bien particulière dans la programmation. Les apprentis en reformation, anciens passionnés, n'ont, pour ainsi dire, presque jamais co-développé des applications. De leur côté, les développeurs aguerris se doivent de dispenser la bonne parole, d'alimenter les communautés et de sensibiliser aux questionnements éthiques transverses, presque consubstantiels à tout travail de développement.

## LES *JOURNEYMEN PROGRAMMERS*

Plutôt déconsidérés par les développeurs de cœur, et véritables repoussoirs pour les apprentis, les *journeymen programmers* développent et codent sur leur temps professionnel, mais n'emportent pas à leur domicile la même appétence que les développeurs modèles. Plutôt, ces développeurs séparent strictement leur personne de la fonction qu'ils occupent et se complaisent dans l'organisation traditionnelle du travail. Attention, les *journeymen programmers* ne codent pas nécessairement moins bien que leurs collègues passionnés. Ils ressentent davantage la transition du professionnel au domestique, et ne continuent pas chez eux les tâches qui les animent au bureau. Parfois doués et rigoureux, ils prennent la journée les problèmes à bras-le-corps, pour les figer le soir et les reprendre tels quels le lendemain.

La rémunération gracieuse, les défis intellectuels, le statut de cadre, autant de marques de confort, de faveurs, qui les ont convaincus de devenir développeurs. En effet, le *journeyman programmer* découvre souvent la programmation sur le tard, dans les détours d'études scientifiques à peu près généralistes. Plusieurs développeurs me parlent ainsi de leurs collègues recrutés au tournant des années 2000, quand les entreprises les plus aventureuses pariaient sur les succès du numérique. Le contingent des étudiants en mathématiques, physique et chimie, regorgeait de têtes bien faites et outillées pour comprendre la programmation. Ces jeunes, à la recherche d'un métier cumulant responsabilités, épanouissement intellectuel et reconnaissance trouvèrent ainsi chaussure à leur pied. Sans verser instantanément dans la technophilie béate, ils apprirent vite, encouragés par l'employeur, les rudiments des langages populaires d'alors. Certains transformèrent l'essai en se positionnant dans des communautés, d'autres se laissèrent dériver sur les flots apaisants du travail routinier.

Désormais, les entreprises recrutent beaucoup moins fréquemment ces profils atypiques, puisant surtout dans les réservoirs de jeunes développeurs sortis d'écoles. Tous les ingénieurs informaticiens ne regardent cependant pas leur discipline avec des yeux friands. Certains ambitionnent des postes de chef de projet, tout acquis qu'ils sont à la cause première de l'ingénieur : la conception et le commandement. Bernard, développeur au profil très technique et passionné depuis de nombreuses années, me les décrit ainsi :

> *« Les écoles d'ingénieurs ont toujours un problème avec le positionnement hiérarchique : "tu seras chef de projet", voilà ce qu'elles disent à leurs élèves. La plupart des gens qui sortent de ces écoles ne se disent pas "je suis développeur", et du coup ils ne veulent pas de poste de développeur. C'est dénigré comme profession, c'est assimilé aux blouses-bleues. Cela commence à changer un peu, dans les modes de management qu'il y a, le développeur est la cinquième roue du carrosse à qui on demande d'exécuter un ordre. »*

Ces développeurs s'alignent facilement sur les exigences des entreprises et ne se plaignent pas frontalement de la basse qualité des outils informatiques. La hiérarchie les considère comme des exécutants, ce dont ils se moquent, s'estimant bien plus qualifiés que de simples opérateurs. Toutefois, ils ne sentent pas la force de s'engager pour faire taire définitivement ces préjugés absurdes. Pour beaucoup, offrir dix heures de leurs journées à la vampirique lumière de l'écran d'ordinateur suffit amplement. Ils refusent de se connecter les soirs, les week-ends, pour animer des communautés, mettre à jour leurs compétences, appréhender les langages et les technologies du moment. Ils considèrent ces enjeux trop faibles pour sacrifier leurs rétines photosensibles, et souffrir à nouveau l'agression des écrans. Tout au plus, ils ne se reconnaissent pas suffisamment passionnés pour faire le pas et se dresser contre les pratiques obsolètes du management, dont ils sont toutefois victimes.

Certains développeurs militants peuvent critiquer la passivité des *journeymen programmers.* D'un autre côté, il ne faut pas oublier que le métier s'est démocratisé, et que les programmeurs moins investis dans la tech' que leurs aînés symbolisent une ouverture de la profession.

*Deuxième partie*

# Les développeurs dans l'organisation du travail

*Chapitre 4*

# Le col ciel : un cadre à la conscience ouvrière

L'utilisation du vocabulaire du bâtiment a ouvert plusieurs querelles identitaires à l'intérieur de la profession de développeur. Ces derniers se situent-ils plutôt du côté des cadres contremaîtres ou des ouvriers du bâtiment ? C'est là qu'il faut interroger la séparation entre conception et exécution.

## Ni conception, ni exécution

Pour comprendre ce qui se brouille dans l'identité des développeurs, et empêche de les rattacher aux ouvriers ou aux cadres, il faut reprendre la traditionnelle séparation entre conception et exécution. Étymologiquement, l'ouvrier et l'opérateur partagent une racine commune : le latin *operari*[1]. L'ouvrier est donc celui qui opère. L'organisation scientifique du travail[2], se souviendra de cette parenté, en divisant les tâches à l'extrême et en alignant les ouvriers sur des chaînes d'opérations.

La conception, au contraire, est du domaine de l'expert, de l'ingénieur qui dessine, planifie, élabore un modèle mental ou physique de ce qui sera construit par les exécutants. Le travail de conception met en ordre des données, des dessins techniques, étudie les caractéristiques des matériaux, et circule dans l'ordre

1. Voir *www.littre.org/definition/ouvrier*
2. Nom donné à l'ensemble des réflexions qui, à la fin du XIX^e^ siècle, se demandaient comment organiser au mieux les ouvriers dans les entreprises. Le tayloro-fordisme en est un exemple caractéristique.

de l'information. Toute la tâche de l'exécutant consiste ensuite en la mise en forme de la matière, conformément à l'information prescrite par la conception. Pour un bien comme le logiciel, la séparation stricte entre conception et exécution vacille.

Dans le logiciel, rien ne sort de l'ordre de l'information. Les processus et les opérations prescrites dans les lignes de code s'exécutent en même temps qu'elles sont écrites, et il n'y a pas de plan en amont du logiciel[1], comme il y aurait un croquis en amont d'une pièce de carrosserie. Dans le logiciel, le plan est déjà le produit, et il n'y a ni étape de conception préalable, ni transcription conséquente dans l'ordre de la matière. Conception et exécution sont une seule et même brique, et se compilent de concert, sans que l'un n'aille jamais sans l'autre. L'impossibilité de prescrire dans les plus petits détails un plan de conception modifie les contours de l'organisation du travail. Les développeurs en charge d'une application avancent pas à pas, comme on joue à ces activités de gagne-terrain qui plaisent tant aux amateurs de rugby. Ne pouvant avoir de plan préétabli, ils hasardent les solutions les plus évidentes, s'engagent dans des brèches, parfois battent en retraite pour revenir plus forts. Ils tolèrent les erreurs dans les programmes, et jouent avec ces erreurs. Une des méthodes de programmation consiste même à assumer que la première exécution du programme sera nécessairement inadéquate, pour en rectifier ensuite les moments défaillants. Par nature, un objet numérique tel que le logiciel n'est jamais parfait au premier tir. Eric S. Raymond l'écrit dans un célèbre essai de 1998, *La Cathédrale et le Bazar* : *« Ou, dit autrement, on ne comprend souvent vraiment bien un problème qu'après avoir implanté une première solution. La deuxième fois, on en sait parfois assez pour le résoudre correctement. Ainsi, si vous voulez faire du bon travail, soyez prêt à recommencer* au moins *une fois. »*

1. Ou alors ce plan est très minimal, une sorte de plan d'action.

« Développer » amalgame donc nécessairement concevoir et exécuter. Séparer ces deux étapes de création n'a guère de pertinence hors de l'usine taylorienne et perd tout sens dans le processus de programmation. Toutefois, le long de la chaîne de valeur du développement logiciel, plusieurs métiers rassemblent des fonctions d'exécution : les techniciens, qui s'occupaient de la maintenance des premières machines programmables ; les opérateurs qui pilotaient autrefois les calculateurs ; et les recetteurs fonctionnels. Ces derniers, majoritairement des femmes, testent le code jusque dans ses plus fins linéaments, en essayant de briser l'ensemble et de générer des bugs. Pendant longtemps, le métier d'informaticien regroupait toutes les étapes du développement logiciel, de l'écriture du code à la recette, en passant par la maintenance éventuelle. Opérateurs, techniciens, testeurs, programmeurs : tous confrontés à un outil hostile au reste de la population composaient les « informaticiens ». Avec le nombre croissant de logiciels à écrire, et la démocratisation des ordinateurs, opérateurs et techniciens ont disparu. Désormais c'est le développeur qui prend en charge la maintenance de ses propres créations[1].

La confusion autour du terme d'« informaticien » explique en partie la dévalorisation et l'absence de reconnaissance professionnelle dont sont aujourd'hui victimes les développeurs. Engoncés entre les testeurs, les opérateurs, les techniciens, ou encore les « bidouilleurs », les développeurs pâtissent des assimilations du passé. S'ajoute une incompréhension profonde de la programmation. Les managers et les organigrammes persistent à appliquer la séparation entre conception et exécution à un métier qui n'en a cure. Le « chef de projet », ce supérieur conçu pour planifier la conception d'un programme, survit comme le dernier vestige d'une grille de lecture révolue. Tout

1. Ou, en tout cas, l'essentiel de cette maintenance.

le plan de conception d'un programme est déjà contenu dans le programme lui-même, et exécuter ce plan revient tout bonnement à l'écrire dans l'interface. Questionner la pertinence du chef de projet, c'est se demander s'il est utile qu'un supérieur hiérarchique écrive le programme sur un papier pour que le développeur le recopie ensuite.

Dès lors, le chef de projet s'en trouve réduit à décrire les grandes lignes du programme et à les affecter aux développeurs. Il est davantage un manager qu'un supérieur technique. Jérôme, en poste depuis dix ans dans une entreprise consciente de l'inanité du chef de projet traditionnel et engagé dans un renouveau des pratiques de code le dit : « Je manage clairement des personnes qui ont plus de compétences que moi, il faut le savoir pour être un bon chef de projet et respecter ses développeurs. » Force est de constater que le chef de projet, codant beaucoup moins que le développeur, perd petit à petit en compétences : il n'est plus autant à la page. De fait, les entreprises se fourvoient en définissant le chef de projet comme un concepteur plutôt que comme un manager. Elles redoublent leur erreur en proposant naturellement aux développeurs d'évoluer et de devenir chef de projet. Là se loge le hiatus entre les programmeurs et les managers : pour les développeurs les plus passionnés, devenir chef de projet, et cesser de coder, n'est pas évoluer, mais bien régresser.

## La conscience ouvrière : l'analyse d'Alain Touraine

D'une façon étonnante, beaucoup de développeurs confient leur proximité avec le monde ouvrier, ce que nous souhaitons approfondir ici. Cette conviction incroyable fait toute la particularité et tout le charme du métier. La conscience ouvrière qui porte plusieurs développeurs se rapproche de la description qu'en fait Alain Touraine. Un détour par quelques textes s'avère nécessaire pour détailler et creuser ce pan essentiel de l'analyse des cols ciel.

Quand l'informatique gagnait les entreprises, les managers voyaient surgir des limbes ces légions d'informaticiens dont on savait qu'ils étaient essentiels, sans pouvoir dire pourquoi. Une question s'imposa : doit-on inventer un nouveau corps de métier propre aux informaticiens, ou les rattacher à d'autres professionnels existants ? Un malaise étonnant s'installait, les informaticiens passant pour les élus temporaires d'un système : il fallait les intégrer, mais peu de décideurs comprenaient leur fonction[1]. La terminologie du nouveau métier copiait le lexique du bâtiment[2]. En réalité, cet emprunt de termes n'est pas dénué de sens.

Alain Touraine réalise, presque au même moment, une enquête auprès d'ouvriers du bâtiment, des mines, des fonderies, des métaux, du gaz, du pétrole dans son livre *La Conscience ouvrière*[3]. Par un concours amusant de circonstances, le discours que portent aujourd'hui plusieurs développeurs sur leur travail se rapproche de celui que tenaient hier les ouvriers du bâtiment ! Touraine reconnaît en l'ouvrier du bâtiment l'archétype

1. Cette incompréhension se trouvait renforcée par l'absence frappante de l'informatique dans les statistiques de la productivité. L'économiste Robert Solow fait ainsi remarquer, en 1987, que l'introduction de l'informatique ne s'est pas répercutée en augmentation de la productivité des entreprises. Pour celles-ci, il a fallu absorber cette évolution, et ce n'est qu'après un temps de latence important que les ordinateurs participèrent de façon significative à accroître la productivité des entreprises.
2. Par des termes comme « chef de projet », « maîtrise d'œuvre », « maîtrise d'ouvrage », « architecture », « structure », « module », « conception », « construction », « briques », « maintenance », « plateforme », « urbanisation », « cahier des charges ».
3. Alain Touraine, *La Conscience ouvrière,* Éditions du Seuil, 1966.

de l'ouvrier de métier, l'ouvrier pour lequel *« l'autonomie professionnelle est le fait dominant »*. De la même manière que les développeurs, les ouvriers du bâtiment ne s'aliènent sous le joug d'aucun supérieur. Au contraire, les chefs ont des bontés pour eux : ils savent que les mécontents ne tarderont pas à aller voir ailleurs. Les ouvriers de métiers, les développeurs, bénéficient, en effet, d'une position favorable sur le marché du travail. Ce détail structure la conscience professionnelle, cette conscience de remplir une fonction essentielle, et rare, dans la société.

L'homologie entre développeurs et ouvriers du bâtiment ne s'arrête pas là. Même si l'autonomie professionnelle protège les développeurs et les ouvriers du bâtiment, n'en faisons pas pour autant des acrobates du marché du travail, qui évolueraient de poste en poste en toute liberté. Touraine nuance ainsi le discours des ouvriers du bâtiment en pointant le spectre rampant du chômage. De même, l'opportunité de transiter de chantiers en chantiers, d'entreprise en entreprise ne signifie pas échapper à l'autorité d'un chef. Dans les univers de production, les développeurs comme les ouvriers du bâtiment restent bien sous les ordres des managers et des contremaîtres. Touraine ajoute cependant que les ouvriers de métier ne vivent pas les pressions des cadres comme une domination personnelle et autoritaire. La subordination n'a rien d'une servitude volontaire, mais d'une contrepartie donnée à l'agilité sur le marché du travail. Balancés entre autonomie professionnelle et obéissance, développeurs et ouvriers du bâtiment partagent une conscience professionnelle complexe, qui se décline en sentiments d'appartenance et d'opposition :

> *« Mais cette conscience d'identité professionnelle, si vive dans le Bâtiment, est-elle aussi conscience d'opposition sociale ? Il faut anticiper ici sur l'analyse d'autres résultats à ces questions et observer que les ouvriers du Bâtiment désignent aussi souvent*

> *que les autres les capitalistes comme étant leurs adversaires. La faible conscience d'un conflit social dans le travail n'exclut donc pas l'existence d'un fort principe d'opposition sociale générale, mais ce principe est moins fortement que chez d'autres enraciné dans l'expérience de travail*[1]. »

Nous retrouverons en effet plus tard cet anticapitalisme d'inspiration libertaire qui anime les développeurs les plus engagés.

Par rapport à la sociologie marxiste, Touraine propose une définition légèrement différente de la conscience de classe, légèrement élargie. Il ne s'en tient pas à l'acception simple qui définit la conscience de classe comme un sentiment d'appartenance à une classe précise, doublé d'un sentiment d'hostilité à l'égard des classes dites « antagonistes » : si je suis un ouvrier et que ma conscience professionnelle relève de la conscience de classe, alors je me sens ouvrier, et je conspue tout ce qui touche au patronat.

Touraine va aller plus loin[2] : la conscience de classe n'est pas un partage de repères identitaires figés (être ouvrier, syndiqué, voter communiste, distribuer *L'Humanité,* haïr les patrons), c'est le vécu d'une histoire commune, d'un déroulé historique conflictuel. C'est se sentir investi dans une bataille des groupes pour éprouver leur propre histoire, et l'accorder avec l'histoire de la société. De deux choses l'une : soit nous vivons notre propre histoire, soit d'autres nous la ravissent, et la vivent pour nous. Soit notre travail, notre participation au déroulé historique nous est volée, soit nous créons, nous contrôlons notre

1. *Ibid.*
2. On demandera au lecteur d'excuser le lexique peut-être daté qui va suivre, un lexique balancé entre mystique de la lutte et rhétorique militante.

travail et les produits de ce travail, ce raccordement de notre histoire sur celle de la société[1].

Imaginez ces équipes sportives comme l'actualité nous en donne à voir : le fait de porter le survêtement ou le maillot attaché à un pays constitue un repère identitaire figé. Pourtant, rend-il suffisamment compte de cette conscience d'équipe qui porte le sportif ? Il suffit de voir les gagnants exulter pour comprendre que non ! Se sentir pris dans un tourbillon d'évènements historiques, avoir la responsabilité de sa propre histoire, la mission de l'écrire, dans l'affrontement contre les autres groupes, les autres équipes, voilà ce qui mène la conscience du groupe vers son ciment inébranlable. Que n'entendons-nous pas dans la bouche des perdants déconfits ? « Ils nous ont volé notre victoire », comprendre : « Ils nous ont volé notre histoire ! » Précisons bien que cette conscience ne dépend pas en elle-même de l'issue du match, ou plus généralement de l'issue du conflit social : l'essentiel est dans l'effort collectif de l'épreuve, dans cette mainmise sur son histoire, sa création, son travail.

## La conscience professionnelle des cols ciel

Ce concept enrichi de conscience de classe parle certainement aux développeurs. D'une part, leur position d'avant-garde technologique les place comme des acteurs historiques essentiels : ils regardent une plaine absolument vierge, un continent de techniques à découvrir, et maîtrisent seuls les outils qui permettront ces conquêtes. D'autre part, encore beaucoup d'entreprises, d'États, et de personnes éloignées de l'informatique se dressent en travers du chemin des programmeurs. Pire, les

1. *« Le sujet historique est l'individu – ou le groupe –, en tant qu'ils sont orientés normativement par les exigences attachées à l'acte de travail, exigences de création et de contrôle des instruments et des produits de cette création. »*

entreprises les plus inertes malmèneraient leurs développeurs, ne les poussant pas suffisamment à créer. Alors qu'ils devraient se positionner dans un tournant historique, on ne les aide pas assez. Les lignes de code bêtement écrites tombent dans l'escarcelle de l'entreprise, comme un patrimoine commun, une richesse dont les programmeurs se voient dépossédés, invités qu'ils sont à « pisser du code ». Les développeurs les plus engagés vivent ce dédain comme un rapt, une capture qui les empêche de se jeter dans l'histoire trépidante qui les attendait.

Dans des ouvrages plus tardifs, Touraine va raffiner cette théorie, la réinscrivant dans le contexte des sociétés post-industrielles qui émergent alors. Désormais, et contrairement aux sociétés industrielles, qui sont des sociétés centrées autour de l'organisation du travail et de l'accumulation de biens, les sociétés post-industrielles amoncellent des connaissances, des recherches, des données : de l'information. Touraine parle de « société programmée ». L'informatique n'a d'autre fonction, dans la société programmée, que d'automatiser le traitement de l'information[1]. Les informaticiens atteignent ainsi une position fondamentale dans la société programmée, ils en sont le soubassement le plus concerné, le plus en prise avec le déroulé historique. Expliquant le mouvement par lequel la société agit sur elle-même, se rénove, se justifie et se produit en tant que société[2], Touraine relève l'importance des modes de connaissance, du

1. Le mot « informatique » est une création de Philippe Dreyfus, pionnier de l'informatique en France, et contracte, en bon mot-valise, les termes « information » et « automatique ». Voir *www.cnrtl.fr/etymologie/informatique*

2. Touraine appelle « historicité » ce travail que fait la société sur elle-même pour se produire en tant que société. On trouve une définition complémentaire dans l'ouvrage *Pour la sociologie,* Éditions du Seuil, 1974 : *« L'historicité de la société est sa capacité de produire ses orientations sociales et culturelles à partir de son activité et de donner un "sens" à ces pratiques. »*

savoir scientifique et technologique qui occupe désormais une place considérable, pouvant mener à telle ou telle société. De là, davantage de responsabilités pour les développeurs, un pouvoir d'induire l'histoire à venir. Ce désir de conduire son histoire rencontre les aspirations contraires des managers, ces concurrents dans la société programmée. En effet, les cadres, administrateurs, et autres nababs du secteur tertiaire ne participent pas directement à la production de biens ; plutôt, ils organisent l'information dans les sphères productives : ils publient des rapports, gèrent les organigrammes, la comptabilité, orientent les décisions stratégiques.

> *« Au contraire, dans la société programmée la domination de classe consiste moins à organiser le travail qu'à gérer des appareils de production et d'information, c'est-à-dire à s'assurer le contrôle souvent monopoliste de la fourniture et du traitement d'un type d'information, donc un mode d'organisation de la vie sociale. Telle est la définition de la technocratie qui dirige les appareils de gestion. »*

Développeurs, managers : leurs luttes pour mobiliser l'information et s'approprier leur histoire s'entrechoquent. Tous deux défendent leur propre compromis social, l'insertion comme ils l'entendent de leur devenir dans l'histoire de la société programmée. Les développeurs se font imposer des méthodes de travail inadéquates par les « appareils de gestion », et manifestent leur inimitié[1].

Touraine choisissait d'étudier les ouvriers du bâtiment, ce groupe qui glorifie plus que tous les autres « la liberté dans le travail comme facteur de satisfaction ». Ils portent l'ancienne

1. Bien évidemment, tous les développeurs ne se reconnaissent pas dans cette conscience de groupe, pas plus que tous les ouvriers ne se reconnaissent dans la « conscience ouvrière ». C'est l'objet des développements suivants.

conscience ouvrière, celle des ouvriers d'avant la société industrielle, celle, aussi, des artisans. Cette parenté ne surprendra pas les développeurs. Beaucoup d'entre eux se réclament de l'éthique professionnelle des gens de métier, du regard complice de l'artisan sur l'objet qu'il informe. Associer le développement logiciel à l'artisanat protège contre les égarements industrialistes, et redore le blason de l'artisanat, trop vite relégué comme une basse tâche manuelle[1].

Du côté des développeurs, le mouvement « Software Craftsmanship », ou « artisanat logiciel », pose les principes d'un nouveau genre de programmation, promouvant l'artisanat plus que l'exécution. Comme l'artisan n'ouvrage que des pièces uniques, les développeurs ne doivent plus standardiser leurs productions, mais concevoir des logiciels idiosyncrasiques, complètement singuliers et adaptés dans les moindres détails aux souhaits des clients. Le parallèle entre programmation et artisanat dépasse la simple volonté commune de bien faire son travail. Former des novices, des futurs développeurs, dans un système d'apprentissage très proche du compagnonnage tient également énormément à cœur aux *crafts*. Jacques me parle ainsi de « débutants » pour qualifier les jeunes programmeurs fraîchement sortis d'école. Ces programmeurs sont diplômés mais tout leur reste à apprendre. Les parrainages, les moments privilégiés d'enseignement de maître à élève, la transmission progressive de responsabilités, ces étapes scandent la formation

1. On retrouve ici les conclusions de l'ouvrage de Richard Sennett, emblématique dans un courant de pensée visant à réhabiliter le travail manuel : *Ce que sait la main. La culture de l'artisanat (« The Craftsman »)*, Albin Michel, 2010. Voir aussi les deux ouvrages de Matthew Crawford : *Éloge du carburateur : Essai sur le sens et la valeur du travail (« Shop Class as Soulcraft : An Inquiry Into the Value of Work »)*, La Découverte, 2010 et *Contact : Pourquoi nous avons perdu le monde, et comment le retrouver (« The World Beyond Your Head : On Becoming an Individual in an Age of Distraction »)*, La Découverte, 2016.

du développeur[1]. Un développeur interrogé compare ce mode d'éducation aux rituels de passation de savoirs dans le métier de chaudronnier[2].

1. Il ne faudrait pas croire, par ailleurs, que la programmation ne soit pas un artisanat comme un autre parce qu'elle délaisserait la main. Un des développeurs interrogés, au contraire, me décrit les bons développeurs comme des artistes du clavier, capables de taper des lignes de code en un temps record. Avoir des mains virtuoses pianotant avec énergie et rythme sur le clavier d'ordinateur distingue souvent les bons des mauvais développeurs.
2. Il me transmet un lien vers cet article : Christian Martinez-Perez, « La transmission dans le métier de chaudronnier : l'individuation des apprentissages professionnels comme modalité de reproduction du métier », *SociologieS*, dossier « La transmission du métier », mis en ligne le 7 mars 2014 *(https://sociologies.revues.org/4542)*.

*Chapitre 5*

# Repenser l'organisation et le management du travail numérique

Cette partie traite des grandes incompréhensions qui surviennent entre les développeurs et leurs managers.

## La division en unités sémantiquement cohérentes

Avant d'étudier la façon dont les développeurs organisent le travail, divisent la programmation, souvent fastidieuse et très intense, d'un logiciel complet, il faut s'intéresser aux caractéristiques structurelles du code. Nous l'avons vu, tous les développeurs, par-delà les diversités, les querelles identitaires et autres dissensions de clans, partagent une discipline commune : tous codent. La logique du logiciel détermine pour trois raisons la division du travail.

Contrairement aux objets physiques, presque infiniment sécables, les programmes résistent vite à la fragmentation. Dans un lieu de production où le travail est divisé, les ergonomes, consultants, intendants, ingénieurs, planificateurs, calculent les moyens de la production optimale. La dimension des différentes pièces ne relève ni du hasard ni de la nécessité fonctionnelle, mais plutôt de l'économie des coûts de production. S'il le faut, personne ne rechignera à multiplier les manœuvres d'assemblage, quitte à emboîter des pièces toujours plus petites[1]. Ce procédé n'est pas vraiment transposable dans le développement logiciel, même si certaines méthodes reconnaissent le bien-fondé de la division du travail numérique. Passé un certain degré de division, l'objet résiste par sa conception même, n'acceptant plus de fragmentation supplémentaire.

C'est la grammaire interne de la programmation qui l'impose. Le code fonctionne en effet comme un ensemble organisé d'instructions données à la machine dans un ordre précis. Mécaniquement, le compilateur[2] lit de gauche à droite et de haut en bas. Cet ordre ne convient pas à tous les programmes qui demandent parfois au lecteur de revenir sur ses pas, d'exécuter à nouveau certaines lignes, de ne pas s'en tenir strictement à la succession des caractères. Dès lors, plusieurs systèmes de renvois traversent de part en part les lignes de code : des boucles d'exécution qui tournent à l'envi, des variables définies dans des sous-programmes éloignés, etc. Dans ces conditions, il est contre-productif pour les développeurs de programmer seuls, isolés dans leur coin, et sans connaissance des travaux de leurs collègues. Coder une fonctionnalité d'une application seul sans se préoccuper des autres développeurs, et espérer que le produit fini forme un bloc unifié, voilà une idée aussi farfelue que d'écrire un roman à cent mains sans que les coauteurs ne se concertent, espérant simplement que les noms des personnages, les péripéties et les temps concordent comme par enchantement.

---

1. Dans *Condition de l'homme moderne* de Hannah Arendt, on trouve précisément cette note de bas de page : « *Georges Friedmann (*Problèmes humains du machinisme industriel, *1946, p. 211) rapporte que bien souvent les ouvriers d'une grande usine ne savent même pas le nom ni la fonction exacte de la pièce que produit leur machine.* »
2. Nom de l'outil qui sert à exécuter un programme.

À l'inverse, le travail industriel ne manipule pas des unités de signification et se moque bien de ce que chaque pièce individuelle perde complètement sens à l'égard du tout.

Pour autant, diviser le travail allège bien la charge mentale des développeurs. La rationalité des programmeurs n'étant pas parfaite mais limitée[1], l'organisation du travail ne peut pas faire l'économie du partage des tâches. Les chefs de projet interviennent souvent à cette étape préliminaire du processus de développement logiciel : ils isolent des sous-programmes dans le programme, des « unités sémantiquement cohérentes » qui peuvent être développées à peu près indépendamment les unes des autres. Les managers découpent ainsi le produit futur en cellules à la signification close sur elle-même. Autant que faire se peut, il s'agit de définir un « patron », provisoire, comme le feraient les couturiers.

Les unités sémantiquement cohérentes que les développeurs baptisent « lots fonctionnels » ou « scenarii » conservent au maximum l'information, mais ne suffisent pas toujours. Isoler des bribes de significations indépendantes les unes des autres relève très souvent de l'utopie et des dialogues constants que les équipes de développement s'imposent. Les programmeurs investis dans un projet doivent « penser global », et se faire une lointaine idée du rendu final, écouter la musique d'ensemble. À la manière d'un orchestre, où chaque musicien fond son jeu dans l'unité symphonique, une équipe de développeurs réclame que chacun s'insère de lui-même dans le tout. Une limite cependant : les membres de l'orchestre connaissent la partition et s'y tiennent scrupuleusement, là ou la partition des développeurs représente, tout au plus, quelques accords égrenés



1. Nous faisons ici référence au concept de « rationalité limitée » défini par James G. March et Herbert A. Simon dans *Les Organisations. Problèmes psychosociologiques,* Dunod, 1999.

çà et là, quelques directions et indications de jeu, guère plus. Dans le développement logiciel, les tâches des agents ne sont jamais absolument définies et les périmètres ne sont jamais absolument quadrillés. Toute la finesse du travail réside dans les marges d'interprétation. Rares sont les problèmes qui se laissent résoudre par une solution unique et meilleure que toutes les autres : le développement logiciel n'a pas de *« one best way »* sur lequel s'appuyer. Pour cela, les développeurs débattent très souvent des propriétés d'une solution, certains examinent et poussent les programmes au fond de leurs retranchements, d'autres les défendent. Dans le bon développement, il n'est pas tant question de la justesse ou de la correction des lignes de code que de leur légitimité[1], du fait que les parties tombent d'accord sur une proposition. Le code finalement retenu s'exécute sans heurt et propose une démarche agile et gracieuse.

## De nouvelles pratiques pour bien travailler

Les caractéristiques structurelles du code obligent à repenser les théories classiques du management. Ceux qui ne le comprendront pas et s'obstineront à organiser le développement logiciel comme on organise un chantier ou une usine automobile échoueront à coup sûr. Rationalité limitée, divisibilité

1. On retrouve une des conclusions de Simon et March dans leur travail sur la rationalité limitée : que les solutions proposées par les acteurs dans le contexte de la rationalité limitée ne visent pas la vérité. Une solution arbitrée et jugée « satisfaisante » peut s'imposer et donner des résultats suffisants. Michel Crozier et Erhard Friedberg, dans *L'Acteur et le Système* (Éditions du Seuil, 1977), synthétisent bien ce point : *« Le décideur ne cherche pas l'optimum, la meilleure solution dans l'absolu, qui est de toute façon hors de sa portée, mais il cherche pourtant toujours une solution "rationnelle". Quelle sera-t-elle ? La première solution qui répond aux critères de rationalité qui sont les siens. L'homme n'est pas un animal qui cherche l'optimisation, mais la satisfaction. »*

imparfaite des tâches et légitimité procédurale dérèglent les contours du travail prévisible et impersonnel des grandes bureaucraties. La richesse et l'inventivité des développeurs se manifestent aussi dans les formes atypiques de répartition des tâches qu'ils inaugurent, tentent, et adoptent parfois avec succès.

Pour distinguer facilement des unités sémantiquement cohérentes, les développeurs se regroupent dans la programmation « bas niveau », ou *back hand* et la programmation « haut niveau », ou *front hand*. Le bas niveau administre la machine et implémente le logiciel dans le corps hostile du calculateur. Le métier de développeur *back hand* séduit les profils les plus à l'aise en algorithmique, les interprètes du langage machine qui sauront faire accepter les greffons numériques. Le haut niveau enjolive et s'assure que les borborygmes qui flatteront la machine sont compréhensibles par les utilisateurs. Les développeurs haut niveau prennent ainsi en charge l'interface graphique, l'aperçu visible des applications programmées, la partie émergée de l'iceberg. Ce mode de conception d'un logiciel permet aux programmeurs de coopérer efficacement, de diviser sommairement les tâches. Plus on s'exprime dans un langage proche du langage parlé, plus on programme en « haut niveau ».

L'affectation des développeurs aux postes de travail oscille entre deux modèles. Un travail strictement divisé réclamera que chaque ingénieur dispose de son ordinateur, tandis que le management agile plébiscitera les groupes délibératifs. Dans lesdits groupes délibératifs, un seul poste de travail regarde toute une équipe qui développe de concert. Le *« pair programming »,* une méthode de programmation en binôme, s'est imposé comme une pratique moyenne, ni trop révolutionnaire pour les managers à l'ancienne, ni trop ralentissante pour les équipes. En binômes devant un ordinateur, les développeurs discutent, argumentent, et fabriquent à l'unisson le sous-programme qui les occupe. Nous l'avons vu, comme le travail numérique ne se laisse pas parfaitement diviser, deux développeurs sur un projet ne travailleront pas deux fois plus vite. Si deux bûcherons fendent à double vitesse le tas de bois pour l'hiver en se postant chacun à une extrémité de la pile, deux programmeurs sont condamnés à se pencher côte à côte sur la même ligne de code. Un argument bien connu dans le monde du logiciel rappelle avec malice qu'une femme porte un bébé pendant neuf mois, sans pour autant que neuf femmes puissent mettre au monde un bébé en un mois[1]. Dans ces conditions, que faire de deux développeurs destinés à travailler ensemble ? Ils ne peuvent se répartir la tête et le corps du programme demandé, sous peine d'enfanter un monstre. De même, ils n'ont rien à faire dans leur propre enclave : ils concevraient chacun une version du logiciel, sachant que le client ne réclame qu'un exemplaire, reproductible à souhait. Ainsi, les deux développeurs ont tout intérêt à regrouper leurs forces pour venir à bout du problème à moindre coût. Le *pair programming* optimise le développement

1. Cet exemple sert au livre fameux de Frederick Brooks, *Le Mythe du mois-homme,* ITP/Vuibert, 1996, traduit par Frédéric Mora. Dans l'essai *La Cathédrale et le Bazar* d'Eric S. Raymond, l'auteur propose une nuance intéressante à ce point : *« Dans* Le Mythe du mois-homme, *Fred Brooks observa qu'on ne peut pas diviser et répartir le travail du programmeur ; si un projet a du retard, lui ajouter des développeurs ne fera qu'accroître son retard. Il explique que les coûts de communication et de complexité d'un projet augmentent de manière quadratique avec le nombre de développeurs, alors que le travail réalisé n'augmente que linéairement. Depuis, cela est connu sous le nom de "loi de Brooks", et on la considère en général comme un truisme. Mais si la seule loi de Brooks comptait, Linux serait impossible. Le classique de Gerald Weinberg* La Psychologie de la programmation sur ordinateur *apporta ce qu'on pouvait considérer après coup comme une correction vitale à Brooks. Dans sa discussion sur la programmation non égoïste, Weinberg observa que dans les boîtes où les programmeurs ne marquent pas le territoire de leur code et encourage les autres à y chercher les bogues et les améliorations potentielles, les améliorations sont drastiquement plus rapides qu'ailleurs. »*

logiciel, par le dialogue continu des programmeurs et l'écho de leurs talents respectifs.

Ces procédés atypiques font tout le sel du métier de développeur, ce sans quoi un développeur ne serait plus qu'un vulgaire « pisseur de code », un programmeur fermé d'esprit que nombre de développeurs facétieux se plaisent à railler. Le développement logiciel engage des équipes, des hommes et des femmes, qui tirent des externalités positives de leur présence conjointe sur le lieu de production. Pour toutes ces raisons, le télétravail, que certains managers impétueux s'empressèrent de louer dans un élan précipité, ne constitue pas une évidence pour les développeurs. Exception faite des entreprises comme Mozilla qui embauchent des travailleurs en *remote*[1], dans des équipes transnationales. Les décalages horaires forcent en effet les développeurs à se retrouver en ligne à des heures où les locaux des entreprises, bien souvent, ferment.

Enfin, tous les développeurs se doivent de relire les productions de leurs pairs et de pointer la focale sur les moindres obscurités. Cette revue de code s'organise d'elle-même et traduit la puissance des liens sociaux qui unissent les programmeurs. Plus une équipe jouit d'un esprit d'appartenance véritable, d'une solidarité qui oblige pacifiquement les membres les uns envers les autres, plus l'engagement à produire en commun un code de qualité porte les programmeurs. Relire le code rédigé par ses collègues, c'est s'assurer que ses propres travaux seront relus à leur tour, par un échange cordial et immédiat de bons procédés, de services réciproques, par cette économie invisible du don et du contre-don. Ainsi, la revue de code initie, élève et perpétue les solidarités à l'œuvre entre les équipes de développement. Francis, développeur aguerri, me fait très justement remarquer cette exception qui réunit tous les développeurs : « Dans

1. Le *« remote »* signifie le travail à distance.

aucune autre profession, ton travail n'est intégralement relu par tes collègues. » Pour faciliter la revue, on demande aux développeurs de « documenter » autant que possible leurs lignes de code, de joindre aux indications destinées à la machine d'autres indications, transparentes pour le compilateur, et uniquement vouées à justifier les méthodes, préciser les raccourcis, en un mot, rendre la lecture agréable.

## Manager les développeurs : aléa moral et haute employabilité

L'aléa moral, élément clé de la relation entre les développeurs et leurs managers, cristallise l'essentiel des tensions. Le concept sociologique d'« aléa moral » signifie une rugosité dans la relation d'autorité et qui vient la perturber. Donnons-en une définition plus précise. Parce que les managers n'ont pas de prise suffisante sur le travail des développeurs pour comprendre en profondeur le code rendu, les programmeurs les plus égoïstes[1] ont intérêt à ralentir les procès, prétextant des difficultés surprises, des incidents de parcours, des imprécisions dans les ordres des managers, le tout pour s'aménager des conditions de travail plus souples : c'est l'aléa moral. Quand pouvoir et savoir se concentrent dans les mains des uns et dans les cerveaux des autres, l'aléa moral se pose comme une donnée du problème. Pour ces raisons, les développeurs passent régulièrement pour des travailleurs capricieux écrivant avec paresse un code minimal.

Pour certains chefs d'entreprise, la solution réside dans la formation des managers au développement logiciel, pour harmoniser

1. « Égoïste » est à comprendre ici dans un sens strictement économique. Ce mot signifie « qui maximise son utilité : qui diminue sa peine et maintient sa gratification ».

les connaissances et donner aux décideurs un vrai regard sur les lignes de code qu'ils valident. Nous l'avons vu, permettre aux développeurs d'accéder aux trônes des managers n'est pas forcément fonctionnel, ils n'en feraient rien. C'est davantage l'éducation des managers aux particularités du développement logiciel qu'il faut poursuivre.

Cet ouvrage se propose, par exemple, d'expliquer aux néophytes pourquoi évaluer des équipes de développeurs à la quantité de code produite n'a absolument aucun sens. Les décideurs qui ignorent ce point essentiel courent à la catastrophe. Voilà ce que des développeurs doués et durs à la tâche sont en droit d'attendre : un manager sensible au talent de ses équipes. Ce manager saura que les meilleurs programmeurs produisent peu de code, que le développement informatique mobilise intensément la concentration et que le cerveau humain nous délivre des problèmes le plus souvent par fulgurances imprévisibles. Ainsi, il n'est pas toujours possible de cadrer le temps nécessaire à la programmation d'une application complexe. Un spectre hante la relation du manager à ses développeurs : le spectre de l'aléa moral. Aux ignorants qui l'accusent de tirer au flanc, le développeur ne pourra guère objecter que son travail ne se laisse pas planifier d'avance. Les remarques déplacées de managers inéclairés risquent fort de scléroser les relations de travail.

Seule l'obligation de moyens, qui prescrit que les programmeurs devront déployer les efforts maximums pour tenter d'honorer les requêtes des managers, seule cette forme de contrat, par laquelle deux parties s'obligent l'une envers l'autre[1], fonctionne en entreprise. Dans les organisations qui pratiquent la direction par objectif, et où l'obligation de moyens passe pour une ruse habile des salariés, les développeurs éprouvent avec beaucoup

1. Les développeurs à faire tout ce qui est possible, les managers à prendre la mesure du défi qu'est la programmation.

de frustrations des conditions de travail inadéquates. Ils gardent en travers de la gorge les décisions absurdes qui les poussent à stopper net leurs travaux, jugés trop chronophages, alors qu'ils se savent prospecter près du but. Les potentiels gâchés et les tentatives avortées éveillent des regrets. Robin, qui a longtemps dirigé des développeurs et décide finalement de devenir développeur à son tour dans une entreprise respectueuse et bienveillante, compare les formes de management :

> *« Ici, on est une équipe, chaque sous-équipe travaille sur ses sujets (…) et on est tous assez autonomes sur nos sujets. Il y a peu ou pas de management, c'est un management diffus… Mais finalement, on nous fait confiance. On ne va jamais remettre en question ton choix technique. Chez nous, si tu prends une décision, personne ne va te contredire. Alors, c'est très horizontal, c'est une méthode de travail que j'adore. Chaque équipe travaille sur ses sujets mais cela n'empêche pas de se parler : ceux qui décident font et* vice versa. *Il n'y a pas des couches de management qui décident en amont de ceux qui font. Il y a des managers humains plutôt que des managers projets. Ils te demandent comment ça va, si tu as des problèmes avec des gens. Il y a une sorte de management humain, ouais, clairement. C'est un truc génial.*
> *Quand j'étais dans l'ancienne entreprise, c'était plus* top down *: je laissais une moins grande autonomie à mes devs ; c'est dommage, ils auraient mieux grandi, mieux produit, à être autonomes, etc. »*

Robin plaide ici en faveur du principe de subsidiarité, levier essentiel dans le management des développeurs. Plutôt que de distinguer les managers et les développeurs, les omnipotents et les omniscients, et ouvrir ainsi la porte aux aléas moraux, Robin propose que les développeurs concentrent et le savoir et le pouvoir : « Ceux qui décident font et *vice versa.* » Le management résiduel n'est plus qu'un management humain, destiné à choyer les programmeurs.

L'employabilité très forte des développeurs ne simplifie pas les relations qu'ils entretiennent avec leurs supérieurs. Les managers savent que s'ils n'épanouissent pas leurs développeurs, ces derniers s'empresseront d'aller noyer leurs souvenirs de brimades dans des entreprises plus reconnaissantes. D'un côté, les managers rivalisent de zèle pour flatter les développeurs, de l'autre, leur méconnaissance de la programmation les envoie se fourvoyer en eaux troubles. C'est que la conception de logiciels ne tire jamais les mêmes ficelles que la conception de biens matériels, ce dont ce livre prétend modestement rendre compte. Voir ses développeurs partir pour la concurrence alors même que l'on croyait leur faciliter la vie révolte les managers, suscitant colère et animosité contre les « pourris gâtés ».

Pour résumer, qui manage les développeurs doit garder en tête qu'il travaille avec une population à forte employabilité, capable de remettre en cause la subordination et les rapports hiérarchiques horizontaux. Moins doué, et moins formé au développement logiciel, le manager n'a d'autre choix que d'avoir pleine confiance en ses programmeurs, et doit s'armer de patience pour affronter les problèmes de traduction. Le fait est que développeurs et managers parlent des mêmes missions, des mêmes objectifs, avec des grammaires et des termes radicalement différents. Le manager détient un rôle clé dans la cohésion de l'équipe, il est le garant de l'esprit d'ensemble, et le protecteur du travail collaboratif, de la solidarité, de l'entraide. Robin a trouvé le mot : le management des développeurs se doit d'être résolument humain.

*Chapitre 6*

# À bas la bureaucratie !

Avoir en tête le modèle bureaucratique permet de bien comprendre les habitudes managériales que le développement logiciel remet en cause. Par contraste, on devine les innovations et nouvelles propositions pour l'organisation du travail qui germent dans la programmation.

## L'ORGANISATION BUREAUCRATIQUE DU TRAVAIL

On trouve une définition vraiment complète de l'organisation bureaucratique du travail dans une note d'un ouvrage célèbre de Raymond Aron[1]. Au cours du chapitre sur Max Weber, l'auteur convoque la *Sociologie de Max Weber* (1966), de Julien Freund :

> *« Elle [la bureaucratie] repose sur les principes suivants :*
> *1) L'existence de services définis et donc de compétences rigoureusement déterminées par les lois ou règlements, [...]*
> *2) La hiérarchie des fonctions, ce qui veut dire que le système administratif est fortement structuré en services subalternes et en postes de direction,[...]*
> *3) Le droit qu'a l'autorité de contrôler le travail de ses subordonnés, [...]*
> *4) La séparation complète entre la fonction et l'homme qui l'occupe [...]. »*



1. *Les Étapes de la pensée sociologique,* Paris, Gallimard, 1967.

L'auteur se réfère également à *« la centralisation croissante due aux facilités de communication »* et au *« développement de la rationalisation technique »* pour expliquer l'essor de la bureaucratie comme mode d'administration du travail.

Tous les points ci-dessus se trouvent percutés de front par les innovations organisationnelles majeures que proposent les développeurs. La centralisation des décisions, qui favorise l'exécution impersonnelle des obligations, voilà ce qui vole en éclats dans le développement logiciel. L'intimité qui lie le développeur à son programme doit convaincre les managers d'en appeler au principe de subsidiarité : le développeur sera toujours plus apte à juger de sa créature, et à décider pour elle, que le manager.

La majorité des clients engagés dans une relation commerciale avec des développeurs ne maîtrise pas une once de programmation. Même, les clients n'imaginent pas les raffinements que peuvent exiger leurs commandes. Cela complique véritablement le travail des développeurs, amenés à faire des allers-retours dans la programmation : entre leur compréhension du produit final, et l'image fictive que s'en fait le client, certains écarts existent nécessairement. Lorsque le client expose sa demande, il n'a alors à l'esprit que l'interface du produit, que la partie émergée et visible de l'application. Les décalages à l'œuvre entre les deux compréhensions d'un même problème, celle, technique, du développeur, et celle, pragmatique du client, s'étendent, parce qu'aucun intervenant de la relation commerciale ne joue l'intermédiaire. En effet, aucun traducteur n'a de prise sur les deux univers cognitifs : le cerveau du développeur et celui du client se trouvent relativement opaques l'un par rapport à l'autre. Le client entrevoit mieux que personne les grands traits de la future application, le développeur possède les compétences pour la réaliser : l'un se figure la fin, l'autre organise les moyens.

Dans une relation commerciale classique, par exemple celle qui réunit le conducteur au véhicule endommagé et son garagiste, le champ des possibles se trouve relativement restreint. Un registre recense l'ensemble des pannes possibles de sorte que l'automobiliste reconnaîtra toujours les symptômes qui grippent sa voiture. Le savoir de la mécanique automobile s'est entièrement codifié, autour d'un objet technique désormais clos et circonscrit par les frontières technologiques. Ce fameux registre des pannes et des couacs se positionne entre le professionnel et l'usager, il donne des noms aux incidents et dresse ainsi les équivalences entre les dysfonctionnements perçus par l'automobiliste et les réparations considérées par le garagiste. Ce document traduit les besoins en les opérations correspondantes et repose sur un socle fermé et banalisé de connaissances.

Tant que l'informatique possédait son propre manuel de traduction, tant que dans les savoirs admis coïncidaient les grandes préoccupations des usagers et leurs équivalents codifiés en langage machine, alors il était possible de rattacher l'informatique à l'industrie. Dans ce sous-champ, les requêtes des uns s'alignaient automatiquement avec les compétences des autres. Les transformations de la discipline informatique ont laminé ce mode d'organisation, rendant inopérant le système d'équivalence passé qui renvoyait des énoncés à des solutions, des consignes à des manipulations. En devenant l'outil privilégié des start-up innovantes, des centres de recherche, et en se taillant une place unique dans le grand récit du progrès, l'informatique a réarrangé son architecture interne. Si on appelle « discipline » un faisceau de savoirs, rationalisés par des institutions qui élisent des principes fondateurs, qui légifèrent sur l'ordre cumulatif des connaissances et en détiennent la responsabilité, c'est bien d'une reconfiguration à l'intérieur de la discipline informatique qu'il s'agissait peu après le passage à l'an 2000.

Pour nombre d'entrepreneurs, l'informatique est devenue la discipline la plus en prise avec son temps et les défis techniques de son époque. Avec le plan Calcul, les informaticiens avaient conquis les hautes sphères de la décision. Aujourd'hui, les développeurs, à leur tour, parcourent les hautes plaines de la R&D[1].

Ce nouvel état d'esprit qui commande aux savoirs de l'informatique de percer toujours davantage les arcanes de la science, repositionne l'informaticien. Désormais « développeur », il n'est plus en capacité de proposer des solutions préconçues à ses clients, puisque ces derniers l'embarquent en terre inconnue. Il faut s'imaginer des conducteurs de vaisseaux intersidéraux plus farfelus les uns que les autres, qui viendraient se payer les services des meilleurs garagistes. Le professionnel reconnaîtrait des bougies, des systèmes de refroidissement, des appareillages familiers, mais disposés dans un tout qu'il mettrait un certain temps à appréhender, aussi talentueux qu'il soit. L'informaticien n'est plus l'interprète du grand dictionnaire de traduction qui régissait jusqu'alors sa discipline, mais devient un agent du progrès technique, et s'associe aux entrepreneurs innovants pour que leurs projets passent l'épreuve de la machine. Bien sûr, nous

1. On trouve, dans l'excellent livre de Philippe Breton, *Une histoire de l'informatique,* La Découverte, 1987, une description des « trois informatiques » et l'accumulation des compétences des informaticiens. Nous reproduisons ici ces pages très riches : *« L'histoire ultérieure de l'informatique, en tant que discipline, ne témoignera pas d'une continuité parfaite. [...] L'informaticien des années cinquante ne ressemblera pas beaucoup à son confrère des années soixante, pas plus que celui-ci à l'informaticien d'aujourd'hui. »* Nous le verrons effectivement plus tard : *« L'informaticien des années quarante, [...], a été remplacé par l'expert-informaticien, metteur en scène souverain empiétant parfois sur le rôle des décideurs »* ; de même que nous étudierons aussi ce phénomène : *« Depuis le milieu des années soixante-dix, la "culture informatique" se répand massivement et les professionnels du domaine sont confrontés au développement d'un amateurisme très compétent. »*

ne parlons pas ici de tous les développeurs, mais d'une grande partie. Les consultants employés par les entreprises de services, les chercheurs, les développeurs-stars des leviers du nouveau monde[1], les développeurs en freelance, en start-up à l'initiative d'un produit nouveau... Toutes ces personnes représentent en réalité une bonne frange des programmeurs à travers la planète.

## L'AGILITÉ COMME SOLUTION

L'agilité consiste à reconnaître que les programmeurs doivent disposer d'une marge de manœuvre, d'erreur, d'interprétation. Pour les nombreuses raisons citées plus haut, liées à la spécificité du travail (absence de séparation entre conception et exécution, imparfaite divisibilité du travail, aléa moral important) et à la relation avec le client (seule personnalité pleinement consciente du produit réclamé), les programmeurs ne peuvent suivre scrupuleusement des *to-do lists* et autres ordres du jour qui prescrivent des tâches de façon détaillée et immuable. Les méthodes et pratiques agiles participent au départ du renouveau de l'organisation du travail. Les principes essentiels commandent d'intensifier les relations entre les équipes de programmation et les clients, pour cadrer au plus près les définitions de l'objet final, et faire que la description du client s'incarne tout juste dans le code des programmeurs. L'agile enseigne de toujours corriger les travaux des développeurs, de les réorienter à l'aune de la commande du client. Dans une série d'allers et retours, les développeurs proposent une solution, que le client critique, que les développeurs améliorent, que le client reformule et ainsi de suite jusqu'au produit parfait.



1. Google, Amazon, Facebook, Apple, Criteo, YouTube, Mozilla, Spotify, Deezer, SoundClound...

Chaque itération souffre de moins d'erreurs et d'approximations, si bien que cette méthode dichotomique élabore à la fin le produit attendu.

L'agile conseille les meilleures pratiques et dispense une nouvelle pensée du travail, qui s'est imposée progressivement aux développeurs. Méfiance cependant, car toute liste prétendument exhaustive de principes dits « agiles » est immédiatement caduque : en figeant l'organisation dans des commandements, cette liste perdrait sa raison d'être. Une vraie méthodologie agile se passe de procédés types, de grandes règles qui transcenderaient les organisations. Plus une règle se généralise, moins elle est agile. De ce fait, *L'Acteur et le Système*[1], de Michel Crozier et Erhard Friedberg, qualifie l'agile sans le savoir, bien avant les premiers traités sur le sujet. L'ouvrage propose non pas une « sociologie de l'organisation, mais une sociologie de l'action organisée ». Reconnaissant que les interactions entre les différents acteurs d'un système social ne vont jamais sans que les acteurs débordent les espaces qui leur sont réservés, les règles de conduite qui leur sont prescrites, ou les rôles qu'il conviendrait pour eux d'assumer strictement ; les auteurs placent au centre de l'analyse le concept de « jeu », dans sa double acception. À la fois le jeu rend compte des libertés que prennent les agents dans leur épreuve des systèmes sociaux, mais il qualifie aussi la part ludique des organisations, le tissu de stratégies et de combines dans lequel s'insèrent les acteurs.

L'ouvrage propose également une riche étude du pouvoir, entendu comme une certaine capacité à maîtriser les relations de sorte à jouer sur les règles, à imposer son jeu et à ne pas subir celui des acteurs concurrents. Le pouvoir correspond à des possibilités d'action. En particulier, les auteurs décrivent comme source de pouvoir la maîtrise des « zones d'incertitude », ces

1. Michel Crozier et Erhard Friedberg, *op. cit.*

réserves de savoir qu'exploitent certains acteurs au détriment d'autres, ces compétences dans l'organisation dont profitent les acteurs les mieux placés[1]. En savoir plus sur un produit que ses collègues, c'est automatiquement se réserver une forme de pouvoir sur eux. Crozier et Friedberg montrent également que celui qui règle la communication entre les acteurs de l'organisation et gère les relations de l'organisation à son environnement bénéficie d'une autre forme de pouvoir par rapport à ses collègues. Finalement, Crozier et Friedberg exposent l'analyse de l'organisation comme l'analyse d'un système d'action concret, soit *« un ensemble humain structuré qui coordonne les actions de ses participants par des mécanismes de jeux relativement stables et qui maintient sa structure, c'est-à-dire la stabilité de ses jeux et les rapports entre ceux-ci, par des mécanismes de régulation qui constituent d'autres jeux »*.

C'est bien de l'agilité dont il s'agit ici. Aussi, l'agilité consisterait à rendre aussi claires que possible les marges de jeu des acteurs, à ne pas les obscurcir derrière des tabous, des droits tacites ou des zones d'incertitude. Par exemple, plusieurs pratiques agiles répartissent le pouvoir hérité de la maîtrise de la communication. Tous les membres de l'organisation participent à la communication d'ensemble, qu'il s'agit de rendre la plus claire possible. La pratique agile la plus connue, le tableau jonché de Post-it griffonnés, vise précisément à clarifier la communication, à l'objectiver, et à offrir à chacun des droits de participation à l'album où se dessine la communication de l'entreprise. Par ailleurs, dans l'entreprise agile, le travail n'est pas strictement divisé entre acteurs affectés à telle ou telle tâche. Dans les entreprises qui pratiquent ce « chacun chez soi », des zones d'incertitude se dégagent dans l'ombre portée induite par les

1. Crozier et Friedberg attribuent à la figure bien connue de « l'expert » la maîtrise des zones d'incertitudes. L'expert automobile domine une zone d'incertitude pour le client : la véritable raison de la panne.

espaces de travail réservés aux uns et aux autres. Ces zones d'incertitude sont autant de stratégies contournées, d'opportunités discrètes de gagner du pouvoir sur ses compères. Les pratiques agiles, comme la co-programmation des équipes derrière un seul écran, ne permettent pas aux joueurs de s'emparer des zones d'incertitude, puisque celles-ci n'existent plus vraiment. Plutôt, elles sont partagées dans les équipes et non plus sujettes à investissement stratégique. Finalement, l'agile limite les stratégies de contournement et oriente tous les acteurs de l'entreprise vers le même objectif, les mêmes valeurs, sans qu'ils se dispersent dans leurs zones d'incertitude[1]. Cet objectif commun, c'est le « beau code », la bonne programmation.

1. Ainsi, rendre claires les zones d'incertitude, les répartir sciemment entre les différents acteurs pour orchestrer les jeux dans le système d'action concret, tout cela procède d'une volonté de pacification de l'organisation. Déconcentration et décentralisation du pouvoir, partage du pouvoir, subsidiarité, voilà ce que proposent les méthodes agiles. Pour cette raison, la meilleure synthèse donnée de *L'Acteur et le Système* colle exactement ; elle nous est proposée par Michel Crozier lui-même : *« Cet ouvrage explique comment écouter au sens large. »* Voir *www.journaldunet.com/management/dossiers/050164livres/crozier.shtml*

## Quelques exemples de pratiques agiles

Les développeurs convaincus par les bienfaits de l'agile pourront dès à présent avancer vers la suite de l'ouvrage. Pour tous les autres lecteurs, voici un modèle de marche à suivre pour conduire un projet enrichi de pratiques agiles. Toutefois, un processus dit « agile » se ment automatiquement à lui-même du moment qu'il se divise en étapes successives, perdant ainsi son agilité. Ce paradoxe anime la plupart des contempteurs de l'agile, et force ses lieutenants à se corriger, à réfléchir et à se remettre constamment en question.

L'étape initiale vise à clarifier au mieux le projet. Sans même évoquer les lignes de code, les sous-programmes, les langages, etc., ce moment ne concerne que la stricte compréhension du sujet. S'il faut simplifier l'architecture réseaux, s'il faut créer une plateforme en ligne ayant différentes fonctionnalités, s'il faut programmer une application mobile pour rendre certains services aux utilisateurs, etc., quoi qu'il faille ensuite développer, les programmeurs doivent discerner parfaitement les contours de l'objet. Imaginez un chirurgien orthopédique qui expédierait ces préliminaires, il s'expose bien souvent à opérer la mauvaise jambe !

Ici, on ne parlera bien que du besoin, et uniquement du besoin. Dès lors, les premiers problèmes de traduction se posent. Les membres investis dans le projet ayant des cerveaux différents, des façons diverses d'aborder les questions, ils ne conçoivent pas le même objectif. L'utilisateur perçoit essentiellement les finalités pragmatiques de l'application, les développeurs ne peuvent empêcher (et c'est bien normal) que des commandes de code ne se faufilent dans leur esprit, et l'analyste d'affaires[1] réclame que l'on s'en tienne au travail qu'il a conduit jusque-là.

1. Celui qui analyse les besoins et donne au projet ses premières directions.

Tous ces acteurs[1] se réunissent lors de séances exploratoires et collaborent pour décortiquer le besoin.

Traduire le besoin dans les différents univers cognitifs des protagonistes ne suffit pas ici. Bien vite, la complexité du projet se heurte aux rationalités limitées des professionnels. Toujours sous l'œil de l'utilisateur, des sous-ensembles fonctionnels, les « EPICS », définissent aussi précisément que possible les étapes intermédiaires, les briques de code qui s'assembleront par la suite. La division identifie des scenarii de travail, qui respectent un découpage fin mais fonctionnel de l'application d'ensemble. À ce moment, interviennent les fameux Post-it, que moquent parfois les développeurs les plus sceptiques. Ces outils facilitent la transparence de la communication, la manipulation des concepts, et s'imposent progressivement dans les équipes agiles. Tant que des zones d'ombre persistent et que des questions en suspens brouillent les pistes, les séances exploratoires se répéteront. Si aucune question ne reste ouverte, les développeurs peuvent entamer leur travail et mettre en œuvre toutes les pratiques agiles décrites ci-dessus.

Puisque les méthodes agiles ne se laissent pas figer en une liste arrêtée de « bonnes pratiques », en une formule magique qui résoudrait tous les conflits, plusieurs écoles de pensée coexistent. Certains adeptes de l'*extreme programming* trouvent beaucoup à redire du *« Scrum »*[2], façon de faire pourtant réputée dans le

1. *Product owner, business analyst, dev, quality assurance* et sécurité de l'entreprise.
2. *« Extreme programming », « Scrum »*... Ces expressions désignent autant de lots de pratiques agiles, de valeurs, de commandements... L'*extreme programming* s'est développé au départ contre les menaces des entreprises, qui reprenaient à leur compte les pratiques agiles et les déviaient, par rapport à leurs objectifs principaux. Beaucoup d'*extreme programmers* critiquent aujourd'hui *« Scrum »*, dévoyé par les impératifs de rentabilité dans le business.

grand temple des pratiques agiles. Selon le groupe d'appartenance des praticiens agiles, ils plébisciteront telle ou telle technique. Le Test Driven Development organise par exemple la programmation de manière à ce que le développement d'une nouvelle fonctionnalité commence par l'échec d'un test. C'est l'alternance de tests manqués et de corrections qui trace la voie vers le succès. Si l'implémentation s'avère trop difficile, les développeurs retourneront au chef de projet le scénario problématique : ils présentent les difficultés et réclament une nouvelle division du lot fonctionnel le plus tenace.

Deux règles essentielles dirigent la programmation agile. D'abord, l'utilisateur n'est jamais très loin. Il entretient une relation approfondie avec l'équipe de développement et se tient informé des moindres modifications. Souvent, des points d'étape réguliers avec toute l'équipe et le futur utilisateur confrontent les travaux des professionnels avec les attentes du client. Ensuite, cette méthode cartésienne recommande de ne pas franchir les différentes étapes, tant que les problèmes et leurs solutions ne sont pas clairs et distincts, tant que les sous-programmes ne sont pas complètement « mis au vert[1] ».

Pour terminer, voici les quatre valeurs défendues dans *Le Manifeste agile*[2] :

1. Parler des hommes et des interactions, plutôt que des outils et des processus.
2. Défendre un logiciel fonctionnel plutôt qu'une documentation exhaustive.
3. Travailler avec un client plutôt que de négocier un contrat.
4. Accepter le changement plutôt que de suivre un plan.

---

1. Les curieux se référeront à *http://agileforall.com*
2. Du nom d'un texte célèbre rédigé aux États-Unis, en 2001, par dix-sept programmeurs.

Un entretien particulièrement riche s'est soldé par de longues digressions sur l'agile et ses variantes. C'est l'occasion de confirmer les remarques ci-dessus, et de pointer quelques limites à ce mode d'organisation :

> *« Les pratiques agiles prennent en compte que, contrairement à ce que l'on pense, la programmation n'est pas mécanique, elle ne se fait pas toute seule. Ce n'est pas comme faire une pièce de voiture qui va se faire par des machines. Il faut comprendre qu'il y a des gens qui font les programmes, que ces gens ne sont pas seuls. Ils programment avec d'autres et pour d'autres. La méthode agile prend en compte l'utilisateur. Dans le monde du logiciel, celui qui a le pouvoir, c'est celui qui a l'argent ; bien souvent il ne se sert pas du logiciel. Donc, il faut rééquilibrer les forces. Le point capital dans l'agilité, c'est de raccourcir la boucle de feedback, et à tous les niveaux. On sent bien que c'est un état d'esprit à avoir. Il faut imaginer que l'on programme à plusieurs sur un même ordinateur. Ben oui, le départ de l'agile, c'était le* pair programming. *Maintenant, on a même des entreprises où il n'y a qu'un seul ordinateur pour toute l'équipe. Cela permet un gain phénoménal, mais c'est vu comme une hérésie de l'extérieur, par les managers. On ne peut pas toujours faire comme cela.*
>
> Quelle est l'entreprise modèle de l'agile ?
>
> *Spotify. Je ne l'ai pas vu personnellement, mais aujourd'hui c'est la boîte qui sert de référence dans ce domaine. On a aussi des boîtes qui font de l'agile sans le savoir, sans forcément être dans le logiciel ; elles ne s'en rendent pas compte. À la limite, ce sont des personnes qui s'écoutent, qui adaptent leur façon de faire en fonction de l'environnement, qui réfléchissent à ce qu'elles font. L'agile sans le savoir, c'est peut-être le mieux. Moi, je suis un adepte de l'*extrem programming. *Ce qu'on appelle le* Scrum, *c'est la partie sexy, qui se vend bien de l'agilité, le volet business. Le Software Craftsmanship a été créé pour combler les incohérences, les absences du Scrum, l'orientation business trop marquée du Scrum. Le Software Craftsmanship*

*recolle les morceaux techniques, là où Scrum se perdait dans le business. L'extreme programming, a été choisi, au départ, pour ne jamais être récupéré par les logiques commerciales. Ce nom devait effrayer les entreprises trop portées sur le profit.*

Pourquoi l'agile ne fonctionne pas toujours ?

*En 2001 sort le* Manifeste agile, *mais des méthodes ont été créées avant. Et en 2010, on a commencé à dire que l'agilité était morte : un business s'est branché dessus ; on a vu grandir des entreprises certifiées, certifiantes, etc., qui ont commencé à mettre l'agilité à toutes les sauces. Des sociétés de services, de conseil, qui vendaient des faux principes, des grandes lignes avec plein de raccourcis : « Mettez des Post-it partout, faites plein de réunions… » Ça ne se passe pas comme ça. Les entreprises qui se disent « Je fais du cycle en V, demain je passe à l'agile », cela coince, ce sont les entreprises qui n'y arrivent pas. On n'arrive pas à faire une bascule de 1 à 0. Quand cela se passe bien, c'est quand il y a des changements d'équipes, et éventuellement des changements de managers, des gens qui sont recrutés dans l'esprit de l'agile. C'est radical. Les gens travaillant en cycle en V sont habitués à travailler ainsi, à recevoir des ordres : « Fais ci, fais ça ! » Quand on leur dit « donne ton avis maintenant », c'est très difficile pour eux, et cela ne fonctionne pas. Devenir agile, c'est un processus très long de transformation, par itérations successives avec un petit incrément à chaque fois. Il faut se méfier des coachs agiles aussi. Ce coaching est tenu parfois par des gens qui ne font pas du logiciel ! C'est dingue, c'est du business ! Souvent, on se rend compte quand on intervient dans des grosses boîtes, que l'agile est de façade, qu'il y a peu de valeurs véritablement transmises dans l'entreprise, peu de valeurs typiques de l'agile. »*

*Troisième partie*

# Les développeurs et la société

*Chapitre 7*

# Où sont les femmes ?

Ce chapitre pointe une caractéristique très marquante du métier de développeur : la faible proportion de femmes engagées dans la programmation logiciel.

## Femmes, techniques, prestige et division genrée du travail

Des femmes de talent, souvent oubliées, jalonnent la préhistoire de l'informatique : Ada Lovelace, Grace Murray Hopper, Joan Clarke, ces trois figures tutélaires méritent qu'on leur rende ici hommage[1].

Ada Lovelace (1815-1852) se fait connaître pour ses études approfondies de la machine de Babbage, outil très puissant conçu pour répliquer sans erreur les calculs humains sur les tables de navigation. Ada Lovelace appréciait cette machine « tissant des modèles algébriques de la même façon que le métier de Jacquard tissait des fleurs et des feuilles ». En effet, celle-ci calquait son fonctionnement sur celui du métier à tisser, programmé par des systèmes de cartons perforés. Malheureusement cette machine ne vit jamais véritablement le jour alors que la comtesse de Lovelace avait écrit un algorithme puissant capable de faire calculer à la machine des nombres de Bernouilli, objets mathématiques à propriétés intéressantes. De fait, Ada Lovelace

1. Nous pourrions également parler de Margaret Hamilton (née en 1936), qui a développé les systèmes embarqués dans le célèbre programme spatial de la NASA Apollo.

est parfois considérée comme la sainte patronne des programmeurs, ayant su décrire un algorithme dans un formalisme spécifique destiné à renseigner une machine. Son prénom s'est attaché depuis à un langage très en vogue dans l'aéronautique.

Grace Murray Hopper (1906-1992) est une programmeuse capitale pour l'informatique balbutiante du milieu du XXe siècle. Ses grandes innovations concernent les interfaces de traduction en langage machine des instructions humaines. Puisque l'ordinateur ne comprend que des suites à rallonge de 0 et de 1, tous les langages informatiques (Java, Ruby, C++, etc.) constituent déjà des artefacts destinés à rendre plus simple la programmation et à en alléger les exigences cognitives. Dès lors, les « compilateurs », doivent nécessairement retranscrire les lignes de code, moins abruptes et plus proches de la langue parlée, en informations binaires. Après avoir rejoint l'équipe de conception de l'UNIVAC I, le premier ordinateur civil de l'histoire, Grace Hopper élabore en 1951 son compilateur adéquat. Nous devons également à cette brillante savante le langage COBOL (pour Common Business Oriented Language), utilisé encore aujourd'hui dans certains systèmes d'information bancaires.

Joan Clarke (1917-1996) participe aux côtés d'Alan Turing au décryptage de la machine allemande Enigma. Pendant la Seconde Guerre mondiale, les nazis encodaient leurs informations stratégiques par un procédé réputé inviolable. Casser le code nécessita le vol par des espions d'une réplique de la machine, et l'attention de brillants cerveaux sous la houlette de Turing. Joan Clarke fut de la partie.

Inutile de s'en tenir aux grandes têtes d'affiche du passionnant feuilleton de l'invention de l'informatique, pour rencontrer de nombreuses femmes. En vérité, hors des travaux de conception qui occupaient les inventeurs de machines automatiques, la proto-industrie informatique exigeait beaucoup de tâches d'exécution, dévolues d'abord aux femmes. Dans sa riche *Histoire de l'informatique,* Philippe Breton[1] évoque à plusieurs reprises la féminisation importante des secteurs informatiques. Il décrit d'abord ces légions de calculatrices professionnelles dans les laboratoires militaires. En effet, l'art de la guerre se distingue vite par son appétit de calculs automatiques. Breton écrit : « *La plupart des calculs se faisaient encore de façon artisanale : une centaine de calculateurs humains (à l'époque, le terme « calculateur » ne désignait pas que les machines), principalement des femmes diplômées de collèges qui avaient une aptitude pour les mathématiques, se répartissaient les travaux de calculs.* »

Pour construire la bombe atomique américaine, les laboratoires de Los Alamos engageaient de nombreuses femmes, qui calculaient des volumes importants de données. Breton parle à juste titre d'une « *taylorisation des opérations de calcul : chaque opératrice disposant d'une machine à calculer se vit attribuer une seule opération particulière (et non une série complète d'opérations). Une fois cette opération faite, l'opératrice passait le résultat, inscrit sur une carte perforée, à sa voisine, qui faisait l'opération suivante. Tout un cycle de calculs fut ainsi mis au point jusqu'à ce qu'il fonctionne sans erreur. Les vitesses de calcul obtenues furent ainsi considérablement améliorées* ». S'il y a taylorisation, c'est bien qu'il y a du même coup déqualification de la tâche[2]. À l'époque, l'« informatique » agit comme un mot fourre-tout qui recoupe aussi bien les mathématiciens-logiciens

1. Philippe Breton, *op. cit.*
2. On remarque que, bien souvent dans l'histoire des métiers, l'automatisation des tâches coïncide avec l'arrivée massive des femmes dans les professions. Le métier de secrétaire restait ainsi fortement masculinisé lorsqu'il fallait saisir à la volée les remarques de son patron, et les retranscrire très vite avec une écriture lisible. Après l'apparition de la sténodactylographie, qui facilitait considérablement le travail, le secrétariat s'est brutalement féminisé. De même, demandons-nous si le développement logiciel ne souffre pas de la dynamique inverse : quand le travail a commencé à mobiliser toujours plus la créativité, les femmes n'ont-elles pas été mises sur la touche ?

écrivant les programmes, les ingénieurs-inventeurs bâtissant la mécanique de pointe des ordinateurs, et les opérateurs-secrétaires, chargés de remplir les cartes perforées et autres supports digérés en opérations par la machine.

Aussi faut-il se méfier : la féminisation de l'informatique des origines reflète une division sexiste du travail, floutée par ce mot brumeux « informatique » qui amalgame conception, invention, et exécution. Peu de temps auparavant, Simone Weil faisait déjà état, dans *La Condition ouvrière*[1], de la diversité des situations ouvrières, selon le sexe et le statut : opèrent sur machines exclusivement des femmes tandis que les manœuvres spécialisés, dédiés au montage de la machine elle-même, sont tous des hommes. Aujourd'hui encore, l'adjectif très large « numérique » élit domicile dans les discours captieux qui louent l'arrivée des femmes dans le développement logiciel. En vérité, parler d'un bon taux de féminisation du numérique vise à couvrir une réalité sociale : les femmes du numérique sont rarement développeuses. On les retrouvera plutôt dans les services de ressources humaines des entreprises du secteur numérique, et non dans les fonctions de programmation. Tout mensonge n'est qu'affaire de mots lâches.

De même, les mathématiciennes prometteuses se trouvent bien souvent poliment redirigées vers l'informatique, sous-discipline discréditée dans le monde académique par rapport à l'analyse ou la théorie des nombres. Au temps des fondations où tout restait à découvrir, ces femmes réorientées ont fourni des résultats importants. Malheureusement, l'histoire glorifie à leur place John von Neumann et Alan Turing.

Aujourd'hui, la programmation n'échappe pas à la dure loi de la segmentation genrée des tâches. Dans le développement

1. Simon Weil, *La Condition ouvrière,* Gallimard, 1951.

logiciel, chaque pas franchi vers une sous-spécialisation reconnue plus « technique » fait automatiquement chuter le taux de féminisation. À la croisée des chemins, là où concourent les trajectoires des ingénieurs chimistes, des ingénieurs biologistes et des ingénieurs informaticiens, les informaticiennes empruntent en petits contingents des sentiers interdits aux autres ingénieures. Ce n'est que la première peine, avant même que la bifurcation *back/front* ne vienne poindre à l'orée du bois. Nous l'avons vu plus haut, le *front* regroupe toutes les étapes de l'application qui auront des conséquences visibles pour l'utilisateur. Le *front* code l'apparence du logiciel : la forme et la disposition des boutons, les icônes, les outils, la position du texte, en un mot, toute l'économie graphique de l'application. Le *back,* au contraire, a trait au fonctionnement profond de l'application, à son dialogue avec les humeurs et les exigences de la machine. Intrinsèquement, le *back* demande de maîtriser des langages plus abstraits, car plus proches de la machine, plus « bas niveau », tandis que le *front* requiert un langage haut niveau, plus proche de la langue parlée.

La répartition fonctionnelle des tâches définit ainsi des sous-spécifications plus ou moins techniques. Aptitudes algorithmiques et capacité d'abstraction qualifient le développeur bas niveau. Le fait est que, quand quelque chose cloche du côté du *front,* les boutons se décalent et glissent en quinconce, l'interface utilisateur s'obscurcit : il suffit d'exécuter le programme pour situer la ligne de code qu'il faudra corriger[1]. Quand les fondations « bas niveau » de l'application ne s'exécutent pas correctement, l'erreur ne se livre pas avec la même évidence. C'est en ceci aussi que le bas niveau passe pour plus abstrait,



1. Par exemple, la ligne qui indique les positions relatives des icônes de l'interface graphique, ou celle qui commande l'éclairage…

il n'est pas en correspondance claire et identifiable avec un élément tangible.

Quand le *back* nécessite une solide capacité de conceptualisation, une intelligence algorithmique rigoureuse, le *front* convient aux développeurs pointilleux, soucieux du détail et du raffinement. Après tout, les développeurs haut et bas niveaux partagent la même compétence : coder des informations pour les rendre compréhensibles et exécutables par la machine. Néanmoins, la définition même de ces deux niveaux de programmation engage des stéréotypes de genre : le *back* conviendrait plus aux hommes, comme le *front* conviendrait plus aux femmes. Les caractéristiques structurelles du développement en *back* répondraient d'abord aux cerveaux masculins tandis que les cerveaux féminins s'épanouiraient dans la minutie, la finasserie, l'apparat.

Cette séparation des tâches donne un exemple de la division genrée du travail. Le technique sert facilement à organiser les travailleurs selon leur sexe. Dans une société où tous les enfants codent avec le même plaisir, comme me l'explique Bernard qui anime des ateliers pour enfants, le taux de féminisation des professions techniques s'amenuise à mesure que les filtres s'additionnent. Les femmes sont peu nombreuses dans les sciences, encore moins nombreuses en informatique, puis sous-représentées dans le développement logiciel, et presque absente en bas niveau. Certains éléments de langage assurent que tous les genres se maintiennent bien à leur poste. À titre d'exemple, les développeurs qui travaillent au plus proche du langage machine sont souvent appelés « les barbus ». Éloignés du *front* et de la visibilité graphique, ils n'ont pas besoin de « bien présenter », et ne considèrent pas nécessaire de se raser… Une appellation tant barbante qu'excluante pour les développeuses les plus aguerries.

## Le problème de la formation

Je reproduis ici quelques passages d'une discussion avec Claire, développeuse depuis six mois au moment de l'entretien. Des verbatim importants me serviront pour cette partie et la suivante.

> *« Dans mon école, les filles à 80 % sont entrées en environnement au moment du choix de la filière en 4e année. Je voulais entrer en informatique, j'étais presque la seule. J'étais hyper bonne à l'école, tu vois… J'ai pas mal d'amis qui entrent en prépa, qui travaillent énormément, qui ne trouvent plus le temps de réfléchir sur ce qui nous entoure. Je trouve dommage pour ces étudiants d'avoir aussi peu de temps pour eux ; c'est bête, puis après tu te demandes à quoi tu sers… Mon école, elle, demande beaucoup de projets comme en entreprise, ou des projets persos (…) On travaille sur notre propre projet, tous les projets sont valorisés. Bref, c'est très orienté business. Mais c'est une super bonne école, ils nous obligent à rester en veille, sans avoir besoin de coder tout le temps. On s'entraîne énormément à l'oral. On n'écrivait pas tant que cela, il y avait surtout beaucoup d'oral.*
> Il y avait d'autres filles ?
> *En ingé 1[1], je dirais 15 % de filles, pareil en ingé 2. En ingé 3, avec les nouveaux recrutements, plein de filles viennent de médecine, elles ont raté le concours. On était 20 % de filles ; au final, cela fait une fille sur 5 personnes. En ingé 4, sur 35 élèves, il y avait 4 filles… Tu vois, c'est rien ! Les filles n'étaient pas très féminines, plutôt timides, renfermées. Elles ne rentraient pas dans les groupes.*
> Pourquoi les filles étaient si peu nombreuses ?
> *En ingé 2, on faisait du code, du C, je n'avais pas l'impression que les filles détestaient particulièrement. Mais elles préfèrent rentrer dans une filière où il n'y a pas de code ensuite… Les*



1. Cette expression renvoie à la première année d'école d'ingénieur, l'année qui succède à la classe de terminale.

*directeurs de filières viennent présenter les parcours, avec des anciens élèves.*

*En entrant à l'école, on nous apprend que l'informatique est un truc de gamer, ou de geek ; on n'avait pas une vision de l'informatique comme quoi il y avait énormément de débouchés. En sortant du lycée, je ne pensais pas faire de l'informatique.*

*Avant, quand on parlait de sciences, on ne pensait pas informatique, ce n'était pas sexy. En sortant du lycée, l'informatique ne voulait rien dire.*

*En ingé 1, cela s'est mal passé, je traînais surtout avec des filles. Les mecs sont désagréables, je les ignorais, j'étais obligée, je les laissais parler ouais… C'était limite du harcèlement : « Ah Claire, comment t'as fait pour avoir 14 ? », « T'as couché avec combien de mecs à l'école ? » Je ne pense pas que ce soit lié à une culture d'école, je pense que c'est le fait d'être en majorité qui pousse les garçons à dire cela. J'étais la seule fille parmi plein de mecs. Chaque fille avait plein de mecs à ses pieds, cela crée une frustration. J'ai mal vécu l'ingé 1 et l'ingé 2. Puis j'ai appris à répondre à ce genre de provocations ; j'ai répondu par la vanne, cela marchait. Je faisais moi-même des blagues sexistes, cela mettait les mecs mal à l'aise, je devançais le truc, pour avoir l'impression que l'on était à égalité. Il me fait des blagues, je lui fais des blagues, c'est la culture de l'égalité. Je me dis maintenant, que je dois me calmer* (rires).

*En école, les filles ne sont pas tant que cela amies entre elles. Quand elles ne sont que trois ou quatre, il y a moins de chances que ça matche entre les filles. Il faut trouver des astuces pour s'intégrer.*

Parle-moi de tes stages…

*J'ai postulé en tant que développeuse, à la fin de mes études. Il faut savoir que, toute ma vie, on m'a dit : « Si tu y arrives, c'est que t'es une fille. » J'ai un bon CV, j'ai travaillé pour être à la hauteur d'un mec. Au début du stage, cela se passait bien : on était plusieurs dizaines de stagiaires, des vrais geeks pour le coup, en tee-shirt de geek, des gamers de base, très forts. Physiquement, c'était oppressant, il y avait moins de cinq filles.*

*J'avoue que je me suis intégrée petit à petit, je me suis fait plein d'amis. Je me démarquais dans ce groupe ; pour moi, c'était bien. Un jour, un responsable me parle, il me dit : « J'ai l'impression que tu n'es pas souriante, etc. » Ce n'est pas justifié, il ne peut pas s'en rendre compte, tellement il y a de stagiaires. Il ajoute : « Ta situation de femme dans un métier d'hommes est délicate. Une femme qui a envie d'être respectée par rapport à un homme doit être supérieure, etc. Si t'es jolie, c'est encore plus embêtant. » Il me met en garde : « Faut pas que tu abuses des mecs qui t'aident, les mecs qui t'aident ont peut-être une idée derrière la tête. » J'étais très perturbée pour la suite... J'avais développé une paranoïa. »*

## Le numérique dans la socialisation primaire et l'enseignement supérieur

Le procédé d'affectation des rôles sociaux en fonction du sexe commence sa mécanique implacable dès le jeune âge. Deux discours complémentaires contribuent ainsi à orienter plutôt les garçons vers l'informatique, et à en détourner les filles. Le premier se fonde sur une double erreur : d'abord que les garçons sont plus doués en mathématiques, ensuite que l'informatique exige une maîtrise poussée des mathématiques. Marie Duru-Bellat[1] détaille très bien comment une simple conviction des instituteurs et des professeurs, la répartition intrinsèque des talents selon les sexes, agit comme une prophétie auto-réalisatrice. Les enseignants convaincus des meilleures performances des garçons sanctionnent plus durement leurs bavardages et prêtent davantage attention à leurs questions. Ces attitudes reflètent des avis silencieux et encouragent les progrès

1. Voir *L'École des filles : quelle formation pour quels rôles sociaux ?*, L'Harmattan, 1990 et « Filles et garçons à l'école, approches sociologiques et psycho-sociales », *Revue française de pédagogie,* n° 109, 1994.

des garçons tout en excusant naturellement les échecs des filles. Finalement, partant d'une classe où les garçons et les filles sont en moyenne de niveau équivalent en mathématiques, l'enseignement différencié surclasse les garçons dans les sciences et cantonne les filles aux lettres.

Si l'informatique passait pour une sous-discipline de la linguistique[1], la construction sociale du meilleur niveau scientifique des garçons ne serait pas suffisante pour expliquer le faible taux de féminisation de l'informatique. L'organisation des savoirs en disciplines n'ayant rien d'absolu[2], inféoder l'informatique aux mathématiques n'est presque qu'une convention. Bien sûr, des structures de raisonnements sont proches et l'informatique convoque la déduction logique, mais de même que la grammaire mobilise la logique, que l'économie utilise la relation d'implication ou l'architecture, la physique. Le discours académique transforme en des dépendances de simples ponts entre les disciplines.

Automatiquement, les filles ne s'estiment pas suffisamment douées en mathématiques pour prétendre à des études supérieures en informatique. Cette autocensure sous prétexte de compétences n'est pas la seule implication de la socialisation primaire. L'aventure dans les pistes et circuits arides de l'informatique choisit ses héros : des néophytes passionnés de jeux vidéo, des enfants précoces du numérique… bien souvent des petits garçons[3].

1. Et c'est exactement le cas au MIT selon Bernard, qui m'indique que le département informatique de ce grand campus américain a toujours été accolé au département linguistique.
2. Voir à ce sujet Michel Foucault, *L'Ordre du discours. Leçon inaugurale au Collège de France prononcée le 2 décembre 1970,* Gallimard, 1971.
3. Voir « La féminisation du jeu vidéo », *Hermès, La Revue,* n° 62, janvier 2012 (*www.cairn.info/revue-hermes-la-revue-2012-1-page-73.htm*).

L'école d'ingénieurs constitue une épreuve pour de nombreuses jeunes filles, qui y découvrent la ritualisation du sexisme. Succédant à la terminale ou à la parenthèse aseptisée de la classe préparatoire, l'école d'ingénieurs ne s'impose pas aux élèves pour des critères de proximité géographique. L'arbitrage entre les établissements retient des motifs tels que la qualité objective de l'école ou sa capacité à certifier des droits d'entrée dans une profession. Située à un moment clé dans les parcours de vie, souvent au moment de la décohabitation, de la sortie du giron parental, l'école d'ingénieurs devient le théâtre d'une redéfinition des normes. La classe préparatoire, fortement régulée, n'autorise pas le jeu sur les normes et façonne l'élève plus que l'élève ne s'y façonne. En école, les rites potaches installent un climat de subversion généralisé, un carnaval de tous les jours, en somme, une véritable culture étudiante. Par rapport à la faculté, pour laquelle on opte plus souvent à cause de sa proximité régionale, l'école d'ingénieurs forme un véritable monde à part, avec ses codes spécifiques, et se positionne davantage comme une infrastructure de transition pour les élèves. Plus spécialisées et proches des entreprises que les facultés, les écoles d'ingénieurs appellent bien plus une révolution des comportements individuels que les facultés. Exception faite ici des universités déjà spécifiées et vouées à renouveler l'effectif des professions dédiées : les étudiants en médecine reconnaîtront leurs établissements, bien souvent jalousés des écoles d'ingénieurs pour leur festivité et leur puissance d'acculturation[1].

Destinée à former des cadres supérieurs, l'école d'ingénieurs impose une certaine violence à ses élèves : ils désapprennent une

1. Voir, par exemple, sur la socialisation étudiante : Benjamin Masse, « Rites scolaires et rites festifs : les "manières de boire" dans les grandes écoles », *Sociétés contemporaines,* n° 47, mars 2002 ou Yves-Marie Abraham, « Du souci scolaire au sérieux managérial, ou comment devenir un "HEC" », *Revue française de sociologie,* n° 48, janvier 2007.

façon de faire, de vivre, pour en réapprendre une autre. Cette violence, c'est l'amendement des normes protectrices du foyer familial et l'inculcation des normes du monde professionnel, parfois dans sa brutalité. Le profil des professeurs en dit long : ce ne sont pas tant des universitaires ou des chercheurs chevronnés que beaucoup d'anciens élèves avec un pied ancré dans l'entreprise. La décohabitation et l'éloignement du joug des parents affaiblissent l'autorité parentale, structure disciplinaire qui sanctionne la transgression des normes. Le jeune élève perd ainsi deux repères cardinaux : des normes qui prescrivaient et décrivaient son comportement depuis sa plus tendre enfance ; et le pouvoir exécutif détenu par les parents, qui fait respecter ces normes. L'école d'ingénieur tempère ce drame identitaire[1] et raffermit l'étudiant déboussolé. Les élèves de première année se plaignent constamment du faible contenu intellectuel des cours. En vérité, ils ressentent que la mission de l'année d'entrée à l'école n'est pas tant la transmission du savoir que la rééducation.

L'essentiel de la réévaluation des comportements en école d'ingénieurs a trait aux normes de sexualité. L'école coïncide avec la sortie hors du foyer, espace de tempérance, d'une population sexuellement mature. Par ailleurs, construire des couples endogames satisfera toujours aux objectifs de l'école. La culture étudiante, cet instrument diffus d'intégration des normes, fait ainsi la part belle à la sexualité[2]. Les affiches placardées dans les couloirs des écoles, les chansons paillardes, les cérémonies d'intronisation perpétuent l'humour potache hérité des fantaisies rabelaisiennes estudiantines. Aujourd'hui, ces canons culturels désuets véhiculent des propos sexistes, homophobes, racistes, qui nous paraîtraient insupportables sans le glacis de la fête

1. *Ibid.*
2. Voir Patrice Josset, *La Salle de garde. Histoire et signification des rituels des salles de garde de médecine, chirurgie et pharmacie du Moyen Âge à nos jours,* Le Léopard d'Or, 1996.

et du rite. Pour les raisons mentionnées plus haut, les filles se trouvent minoritaires dans ce tourbillonnement des normes neuves et révolues. Même si Claire ne le perçoit pas comme tel, la culture étudiante prolonge insidieusement la domination masculine dans les écoles d'ingénieurs.

En nombre minoritaire, les filles bénéficient d'une position *de facto* particulière, gagnant le statut de « rareté ». Dans un environnement hostile excité par la sexualisation, cette rareté se mue vite en cadeau empoisonné, et devient l'explication du succès : « Si tu y arrives, c'est que t'es une fille. » Les garçons jaloux accusent les filles de dégager une rente de leur situation spécifique, de bénéficier d'atouts propres : « Ah Claire, comment t'as fait pour avoir 14 ? », « T'as couché avec combien de mecs à l'école ? » Un élève d'Epitech, une école reconnue pour former de bons développeurs, confirme ces propos. Une étudiante parmi les meilleurs éléments de l'école séduirait, selon ses détracteurs, le personnel masculin responsable des évaluations.

Dans le meilleur des cas, ces remarques endurcissent les femmes qui n'en quittent l'école que plus brillamment. Parfois, d'autres entrent en dépression, redoublent, ou quittent définitivement l'établissement, écœurées par le sexisme ordinaire en informatique.

## Les formations parallèles, un illusoire équilibrage

Bérénice, développeuse très douée, me parle de l'École 42 :

> *« Ces initiatives, là, comme 42, je trouve cela génial, mais il faut vraiment se méfier. Ce n'est pas l'école de la diversité : on n'a pas de bourse, puisque c'est gratuit. Pour se loger à proximité c'est impossible… tout bêtement. Puis les cours, cela marche que par projet, et on débloque des niveaux, comme un jeu vidéo. Il y a une fille que je connais : cela fait 1 an qu'elle est*

> *bloquée au septième niveau… Elle est mal barrée ! D'ailleurs, les filles, comme ailleurs, c'est environ 10 %… La piscine, déjà, c'est particulier, on n'imagine pas les filles là-dedans. Tu dors à l'école et dormir avec des mecs : c'est très bête, mais cela exclut les filles. Il y a conflit entre deux formes d'images de la fille : la fille propre sur elle, et l'image geek, qui est matérielle à 42. »*

Malgré son envie farouche de faire décoller le taux de féminisation dans le développement logiciel, la prestigieuse École 42 ne parvient pour l'instant pas à honorer ses prétentions[1]. L'intention est louable, mais ne prétend pas comprendre les procédés retors du sexisme.

L'essentiel de la sélection à l'entrée se concentre sur le premier mois de travail, le mois de « piscine ». Pendant cette épreuve de longue haleine, les étudiants suivent des cours intensifs et apprennent les rudiments de la programmation. Ils s'exercent en temps limité et rendent des devoirs souvent exigeants, à tel point que plus d'un quart des prétendants dort, se nourrit, et se lave dans les locaux de l'école, pour ne pas perdre un temps précieux dans les transports. L'injonction tacite à la sédentarité s'est petit à petit imposée pour devenir un aspect central de la culture étudiante. La piscine, rite de passage s'il en est, pour être vécue intensément et ressentie dans sa pleine symbolique, ne peut s'éprouver hors des murs de l'école. Les bâtiments n'étant pas conçus pour abriter des élèves se tuant à la tâche, beaucoup de jeunes s'entassent dans les couloirs, patientent devant des équipements sanitaires sommaires[2] et en nombre insuffisant.

1. L'École 42 est une école non reconnue par l'État français, créée en 2013 et ayant vocation à former gratuitement des jeunes, triés sur le volet, au développement logiciel. Sa pédagogie très exigeante et novatrice fait beaucoup parler d'elle. Voir *www.42.fr*
2. Seulement six douches ! Voir *http://blog.slate.fr/labo-journalisme-sciences-po/2016/07/06/ecole-42-je-ne-peux-pas-jai-piscine/*

Malgré elles, les jeunes femmes contreviennent aux obligations que la pression sociale fait habituellement peser sur leur corps. Impossible, par exemple, de respecter la distance communément admise entre deux personnes de la « sphère publique[1] ». Dans certaines situations, le franchissement du mètre qui définit la « sphère personnelle » signifie l'attirance, la volonté d'aller plus loin[2]. Cette réduction de la « sphère publique » à la « sphère sociale », de la « sphère sociale » à la « sphère personnelle » et de la « sphère personnelle » à la « sphère intime », met en regard l'intimité des jeunes hommes et des jeunes femmes. Les rapports qui en découlent sont tacitement à l'avantage des hommes.

D'une part, l'irruption de l'intimité féminine dans l'intimité masculine passe pour une tentative de séduction. Cette présomption de culpabilité, qui fait des candidates des séductrices potentielles, harpies, mantes religieuses, Lady Macbeth, pèse énormément sur les jeunes filles[3]. Ce discours véhicule avec une facilité déconcertante l'idéal de la femme incompétente mais ambitieuse, prête à tout, et bien au fait du pouvoir que ses charmes lui donnent. La rareté des candidates et la proximité imposée entre les corps

1. On reconnaît ici les méthodes de l'analyse proxémique, analyse qui tire des conclusions des distances qui séparent les individus et de l'évolution de ces distances selon les contextes sociaux. Cette méthode établit que les distances spatiales entre les individus symbolisent du même coup les distances sociales.
2. L'analyse proxémique montre ainsi comment beaucoup de boîtes de nuit et de lieux de rencontre très sexualisés abolissent les distances de garde en vigueur dans d'autres espaces publics, pour faciliter les rencontres.
3. Voir cet article qui raconte « La réunion spéciales filles » au cours de laquelle on fait savoir aux filles qu'elles sont là pour régler le problème de sexisme dans l'informatique : *http://blog.slate.fr/labo-journalisme-sciences-po/2016/07/06/ecole-42-je-ne-peux-pas-jai-piscine/*. Ces bonnes volontés cèdent vite à la place à un discours finalement bien sexiste : *« L'avertissement vaut aussi pour nous [...] nous invite à ne pas abuser de notre position. Mieux vaut éviter de faire faire ses exercices par "un bon samaritain" attendri par nos battements de cils. »*

placent les jeunes femmes dans une situation difficile. Elles se retrouvent, sans le vouloir, cantonnées dans des rôles en leur défaveur, et toute candidate qui se résoudrait à demander de l'aide s'expose en réalité à de violents stéréotypes.

D'autre part, l'intimité féminine fait souvent l'objet de dégoût, et souffre ainsi la confrontation au regard des hommes[1]. Malheureusement, la quantité restreinte de toilettes, douches, lavabos, poubelles à l'abri du regard masculin, force les jeunes femmes à se livrer et s'exposer plus qu'elles ne l'aimeraient. Signalons tout de même la construction récente de dortoirs pour les filles lors des dernières piscines. Ce changement interroge : des femmes se sont-elles plaintes de la proximité pesante avec les hommes ? Reste que le dortoir se nomme le « Valhalla », du nom du paradis réservé au soldat héroïque dans la mythologie nordique. Un bien curieux clin d'œil, une bien étrange symbolique, à laquelle les femmes sont forcées de souscrire.

Les femmes peinent à se placer et à s'installer dans une profession très masculinisée. Elles sentent que tous leurs collègues les considéreront comme des exceptions, qu'elles échapperont aux normes et standards admis. Pendant mes entretiens, j'ai plusieurs fois questionné mes interlocuteurs et interlocutrices sur l'absence de femmes dans le développement logiciel. Presque toutes les réponses s'accordent sur un point : les apprenties

1. Françoise Héritier rend compte, dans *Masculin-Féminin I. La Pensée de la différence,* Odile Jacob, 1996 (rééd. 2002), de la perception inégale du sang des chasseurs et du sang des femmes. Les uns font couler le sang, les autres en subissent l'écoulement. Le dégoût du sang de la femme, comme une construction sociale, martèle les esprits et renforce cette vision différenciée du sang humain. Plusieurs mouvements de libération des femmes militent par ailleurs pour que le tabou des règles disparaisse. Voir, par exemple, www.dazeddigital.com/tag/periods. On citera aussi le geste de cette courageuse nageuse chinoise aux JO de Rio 2016 : *www.courrierinternational.com/article/rio-2016-la-nageuse-chinoise-fu-yuanhui-brise-le-tabou-des-regles*

développeuses savent qu'elles devront faire leurs preuves dans un univers hautement masculin. Les cursus, les entreprises, les équipes ne leur paraissent pas « faits pour elles ». La masculinisation de l'informatique résulte d'un concours de forces, d'habitudes, de discours. C'est un construit social. Toute la puissance de la rhétorique vise à étouffer ce construit social, à le faire passer pour naturel, comme si la masculinisation des entreprises IT avait quelque chose d'irrémédiable. Dans *La Domination masculine*, Pierre Bourdieu[1] écrit ces célèbres lignes, tout à fait appropriées ici : *« La force de l'ordre masculin se voit au fait qu'il se passe de justification : la vision androcentrique s'impose comme neutre et n'a pas besoin de s'énoncer dans des discours visant à la légitimer. »* Dans le monde de la « tech' », les femmes sont ainsi constamment amenées à justifier leur présence, une présence qui rompt l'ordre naturalisé des choses, la division sexuelle du travail, cette *« machine symbolique tendant à ratifier la domination masculine*[2] ». Pour prouver que des stéréotypes persistent et ne se laissent pas discuter, une développeuse interrogée confie par exemple : « Une fille, elle fait du fonctionnel, pas du créatif. »

Aujourd'hui, plusieurs communautés, *meet-up,* associations, promeuvent la programmation informatique dans les lycées, s'adressant surtout aux jeunes filles. Les militants et militantes travaillent à décloisonner l'informatique, et à ouvrir l'esprit des futurs programmeuses et programmeurs. D'autres communautés, moins militantes, permettent simplement à des femmes programmeuses de se retrouver, éventuellement de conduire des projets en commun, la plupart n'ayant jamais eu l'occasion de développer avec d'autres femmes. Une de ces développeuses a voyagé en Asie pour rencontrer les femmes développeuses d'autres continents. Son constat tranche avec les racontars qui

1. Pierre Bourdieu, *La Domination masculine,* Éditions du Seuil, 1998.
2. *Ibid.*

subsistent en Europe : les femmes de Singapour, du Népal, du Cambodge, d'Indonésie ne sont pas plus nombreuses dans le développement logiciel qu'en Europe, alors que les Français s'imaginent la parité dans les entreprises taïwanaises ou coréennes[1]. D'où la nécessité d'agir.

Aux raisons évoquées plus haut pour comprendre la moindre féminisation du secteur, il faut ajouter des remarques plus proches de l'organisation en tant que telle. Ces intuitions me sont partagées par les personnes interrogées. Pour les développeurs, devenir chef de projet n'est pas vécu subjectivement comme une promotion. On peut supposer, à bon droit, que parce que le sexisme consiste aussi à maintenir un statut d'exception pour les hommes, les femmes développeuses deviendraient plus facilement chefs de projet. Cette explication, si elle ne regardait pas le métier très spécifique de développeur, paraîtrait contre-intuitive, les femmes étant les premières victimes du plafond de verre et des coefficients hiérarchiques visqueux. D'autres développeurs m'expliquent que les femmes, de par les rôles sociaux qu'elles endossent, ne peuvent se consacrer à de longues plages de concentration, ce qu'exige pourtant la programmation, l'apprentissage des langages, le *debugging*…

Certes, aucune explication ne suffit à elle seule, et nous n'avons malheureusement pas la prétention de prendre le taureau par les cornes. Plutôt que de pointer du doigt l'origine de cette division genrée du travail, les scenarii explicatifs détaillés ici révèlent les moyens de reproduction d'une situation, de fait, inégalitaire. Les dynamiques de reproduction propres au sexisme nous aident à comprendre non pas l'origine de la sous-féminisation des développeurs, mais plutôt comment, d'année en année, le pourcentage de femmes au sein des développeurs se maintient à des niveaux très bas.

1. Voir *http://techbeyondborders.com/en/*

# Chapitre 8

# Les cols ciel et les nomenclatures professionnelles

La présentation des développeurs comme balancés entre le statut de cadre et celui d'ouvrier ne considérait que les positions des travailleurs dans les rapports de production. Un détour par les catégories administratives, hors du monde clos de l'entreprise, s'avère ici nécessaire.

## Genèse de ces cadres historiques

La France prend conscience du rôle clé de l'informatique dans les années 1960. De Gaulle lance alors un grand chantier, le plan Calcul (1966-1975), destiné à rendre la France autonome dans la production d'ordinateurs. Au début des années 1960, le rachat de l'entreprise française Bull par la General Electric ébranle la politique industrielle gaullienne d'inspiration colbertiste. Le général entendait jusqu'alors mettre les technologies de pointe au service de la grandeur nationale. Convaincu que la réforme de l'État doit en passer par l'informatisation à marche forcée, De Gaulle et son Premier ministre Georges Pompidou font créer des commissions d'informatisation dans tous les ministères, à la fin de l'année 1967.

Bien entendu, le plan ne s'en tient pas seulement à l'équipement des ministères, et poursuit une ambition de grande envergure : créer une industrie informatique nationale. Les pouvoirs publics emploient divers moyens pour y parvenir :

L'IRIA[1], cellule de recherche sur les systèmes d'automatisation se monte et seconde la Compagnie internationale pour l'informatique (CII). Le vent modernisateur touche ainsi les entreprises, les universités, les lycées, pour assurer l'éducation à l'informatique du plus grand nombre. Reconsidérée, l'informatique se taille une place de choix aux côtés des autres sciences tandis que sourdent les « informaticiens ». Ces derniers, contrairement aux « opérateurs » avant eux, n'entendent pas se comporter en simples exécutants. Un article de Pierre-Yves Baudot[2] raconte comment une présentation d'IBM a séduit les envoyés français du service Organisation et Informatique en 1968. Pour l'entreprise américaine, le management est puissant s'il se couple avec les systèmes d'information : « *Pour réaliser cette ambition*[3]*, les "informaticiens" imposent une définition de leur "juridiction" en abattant "les barrières entre la technique et le management érigées au début du XX*e *siècle pour protéger et démarquer l'autorité des managers de celle des ingénieurs". La mécanographie*[4] *distinguait les tâches. Les opérateurs (les mécanographes) et les ordonnateurs (les bureaux Organisation et Méthode) étaient clairement séparés et hiérarchisés dans les organigrammes. À l'inverse, les informaticiens se pensent comme les ordonnateurs de la réforme. L'informatique est leur méthode. L'atteste la transformation des organigrammes. Les informaticiens ne sont plus soumis aux organisateurs. Ils se substituent à ceux-ci.* »

Inspirés par les méthodes américaines, les décideurs français vont donc diffuser l'idée que les « informaticiens » concentrent

1. Aujourd'hui INRIA (Institut national de recherche en informatique et en automatique).
2. Pierre-Yves Baudot, « L'incertitude des instruments. L'informatique administrative et le changement dans l'action publique (1966-1975) », *Revue française de science politique,* n° 61, janvier 2011.
3. Coupler management et système d'information.
4. Nom donné à la technologie qui prenait en charge le calcul, la gestion de l'information avant l'informatique.

des compétences techniques et des qualités de gestion. L'informatique fait ainsi une entrée tonitruante dans les différents réseaux managériaux. C'est en tout cas la voie privilégiée pour embarquer véritablement les ordinateurs dans les entreprises, par le haut, et informatiser massivement le pays. La circulaire du 20 décembre 1970 l'affirme parfaitement : « *L'objectif recherché ne doit pas être de transposer sur un ordinateur des opérations traditionnelles*[1], *mais de susciter, à travers l'informatique un renouveau des services, dans leurs structures et leurs finalités*[2] ». Cela place objectivement les informaticiens du côté de la conception, de la décision, des cadres.

## Oublier les CSP

Peut-être les catégories socioprofessionnelles ne sont-elles plus suffisamment pertinentes pour accueillir la profession nouvelle de développeur ? Depuis quelque temps, le discrédit plane en effet au-dessus de ces constructions emblématiques de la statistique d'État. Les développeurs porteraient ce « crépuscule » des catégories socioprofessionnelles, pour reprendre le titre d'un article d'Emmanuel Pierru et Alexis Spire[3]. Les auteurs démarrent leur article en trombe : « *Pourquoi est-il si difficile de trouver des statistiques rendant compte des évolutions récentes de la société française selon les différents groupes sociaux qui la composent ?* » Précisément, c'est la question qui nous anime ici.

1. Sous-entendu : ce que les mécanographes faisaient avant.
2. Circulaire 70-579 de la délégation à l'informatique et du ministère de l'Intérieur relative au développement de l'informatique au niveau régional, départemental et communal ([CAC] – 930178/art. 7/chemise 331).
3. Emmanuel Pierru et Alexis, Spire, « Le crépuscule des catégories socioprofessionnelles », *Revue française de science politique,* n° 58, mars 2008.

Ne sachant objectivement à quelle catégorie se rattacher et constituant un groupe social de plus en plus conséquent, les développeurs représentent une de ces « évolutions récentes de la société française » qui débordent de la nomenclature conçue en 1954[1]. Longtemps, les statisticiens de l'INSEE décrivaient le social sur la base de groupes sociaux homogènes et permanents. Avec leurs marqueurs identitaires, leur positionnement dans les rapports de classe et leur statut administratif, les différentes catégories socioprofessionnelles renvoyaient l'image d'une société découpée par la classification, striée, où alternaient les creux et les arêtes, les luttes et les ententes. À la fin de l'article, Pierru et Spire relèvent l'archaïsme de cette grille de lecture du social. Par exemple, les auteurs commencent par rappeler que l'INSEE délaisse cruellement la nomenclature des catégories socioprofessionnelles dans toutes les publications qui étudient les inégalités. Les affrontements vécus de plus en plus personnellement par les individus victimes d'inégalités, et le déclin des passions collectives mettent fin à la rhétorique de classe : *« Les inégalités sont de moins en moins liées à une structure de "classes" qui se reproduit : elles sont présentées sur un mode de plus en plus personnel. »*

Les transformations du travail signeraient, plus franchement encore, l'arrêt de mort des catégories socioprofessionnelles. Les développeurs, innovation récente du monde du travail, peinent à se reconnaître dans la nomenclature, mais ils ne sont pas les seuls. Beaucoup de jeunes accueillis sur le marché du travail à grand renfort de contrats atypiques et autres accommodements

1. Une seconde mouture, en 1982, modifie à la marge le statut des contremaîtres, des agents de police. De plus les « cadres moyens » deviennent les « professions intermédiaires », on différencie les salariés non ouvriers de la fonction publique de ceux des entreprises, et on distingue les agriculteurs selon la taille de l'exploitation. Voir le texte cité précédemment.

précaires, connaissent des difficultés, qu'ils s'insèrent dans l'industrie ou le secteur tertiaire. Soumis à des difficultés communes, les jeunes ouvriers et les jeunes employés peinent à s'identifier à des groupes sociaux. L'absence de repères identitaires dont se plaignent les développeurs touche ainsi d'autres ensembles professionnels.

Pour redonner de la pertinence à la classification, plusieurs statisticiens prennent acte de ces changements afin d'amender la nomenclature CSP[1]. Prendre les développeurs en compte dans une nouvelle classification exigerait vraiment des raffinements supérieurs. Ces derniers ne connaissent pas, pour la majorité d'entre eux, les affres de la précarité. Plutôt, c'est cette position interstitielle entre posture d'exécutant et qualification extrême qui les caractérise. Regrouper en une classe unique ouvriers et employés qualifiés, comme le proposent les statisticiens innovants, ne rendra pas la nomenclature CSP plus appropriée. Il manque aux développeurs une classe idoine, à cheval entre les ouvriers et les cadres. Reste que ces deux groupes ne vivent pas les mêmes réalités sociales, même si une proportion croissante de jeunes cadres vire dangereusement vers le précariat. La situation objective de plusieurs cadres s'aligne sur celles des ouvriers, mais l'identification subjective à un groupe de référence diffère : *« En 1988, 60 % des ouvriers et 53 % des employés déclaraient avoir le sentiment d'appartenir à une classe sociale, ils sont respectivement 47 % et 44 % aujourd'hui ; dans le même temps, cette proportion est restée pratiquement stable chez les cadres, de 64 % à 61 %. »* Voilà qui complique l'effort d'affiliation

1. Voir Thomas Amossé et Olivier Chardon, « Les travailleurs non qualifiés : une nouvelle classe sociale ? », *Économie et statistique,* n° 393-394, 2006, ainsi que Guillaume Burnod et Alain Chenu, « Employés qualifiés et non qualifiés : une proposition d'aménagement de la nomenclature des catégories socioprofessionnelles », *Travail et Emploi,* n° 86, avril 2001.

des développeurs à une classe sociale en particulier. Plusieurs développeurs chevronnés déclarent ressentir un fort sentiment d'appartenance à une classe sociale, ce qui les positionne plutôt du côté des cadres, alors qu'ils se déclarent ouvriers. Que faire alors de ces transfuges de classe ?

*Chapitre 9*

# Solidarités et communautés

Il faut replacer les développeurs dans leurs communautés, et étudier la vie sociale des professionnels. Puisque cette forme de sociabilité unique dérive de l'organisation du travail et fait partie des ficelles du métier de programmeurs, il faut étudier comment le lien social découle de l'organisation du travail. Un des textes fondateurs de la sociologie, largement mobilisé ci-dessous, se propose une étude similaire. Comme Alain Touraine éclairait plus haut l'analyse, Émile Durkheim (1858-1917) viendra ici enrichir le propos.

Jusqu'ici nous n'avons cessé de décrire les développeurs comme de véritables agents de transformation du monde du travail. Esprits ouvriers dans des corps de cadres, les programmeurs rénovent l'organisation du travail par les pratiques agiles et exigent un traitement particulier. Il n'est pas chose aisée de manager cette population à l'avant-garde de la science de l'époque, d'abord parce que les développeurs savent se manager eux-mêmes. Pour cela, ils ne reconnaissent pas facilement les leçons qu'entendent donner certains dirigeants.

Les développeurs les plus engagés dans la transformation numérique s'exposent fatalement aux feux des anciennes normes, aux anciennes dispositions d'esprit qui infusent toujours dans les organisations et l'économie française. Deux forces contraires tiraillent ces développeurs : d'abord, l'attraction irrémissible pour tout ce qui paraît « nouveau » ; ensuite, la crispation des entreprises traditionnelles sur les acquis de longue date. Quand les privilèges des managers intersectent les aspirations des développeurs, tout le monde se plaint. Nombre de programmeurs engagés contestent la traditionnelle division du travail, nous l'avons vu, mais pas seulement. Bien sûr, ces experts savent pertinemment que le développement logiciel requiert de spécifier les tâches, mais de les spécifier intelligemment. Ainsi, les développeurs sont rarement seuls en charge d'une fonction définie, ils coopèrent en équipe, mais gardent tous en tête une idée d'ensemble du produit final. Ce n'est pas cette répartition judicieuse des tâches dans la programmation qui attire en particulier les foudres des développeurs. Ce qu'ils remettent en cause, en revanche, c'est le lien social spécifique que la division du travail institue, cette solidarité surannée et proprement artificielle, qui force les individus à compter les uns sur les productions des autres. Automatiquement, la spécification des tâches rend chaque travailleur captif des performances de ses associés : comme pour des organes complémentaires, si l'un faiblit, l'appareil d'ensemble en pâtit. Certains louent cette dépendance réciproque des individus qui permettrait la cohésion sociale. D'autres, comme les développeurs, rêvent de s'y soustraire.

Pour soutenir que les développeurs expérimentent une autre forme de lien social que celui qui s'établit entre les partenaires dans la division du travail, il faut en passer par une définition précise des concepts.

## Les solidarités dans la division du travail : rappel de l'analyse durkheimienne

Que le lien social n'a rien d'immutable, Émile Durkheim le montre dans *De la Division du travail social*[1]. Dans ce classique, l'auteur étudie les transformations du lien social qui unit les individus dans les sociétés modernes, qu'il oppose aux sociétés

1. Émile Durkheim, *De la division du travail social,* Félix Alcan, 1893 (réimpression, PUF, 1967).

plus « primitives ». Le lien social, ce rapport de solidarité qui se manifeste entre tous les individus d'un collectif, change de nature selon la société considérée. Au début de l'ouvrage, Durkheim présente ainsi son projet :

> *« Quant à la question qui a été l'origine de ce travail, c'est celle des rapports de la personnalité individuelle et de la solidarité sociale. Comment se fait-il que, tout en devenant plus autonome, l'individu dépende plus étroitement de la société ? Comment peut-il être à la fois plus personnel et plus solidaire ? Car il est incontestable que ces deux mouvements, si contradictoires qu'ils paraissent, se poursuivent parallèlement. Tel est le problème que nous nous sommes posé. Il nous a paru que ce qui résolvait cette apparente antinomie, c'est une transformation de la solidarité sociale, due au développement toujours plus considérable de la division du travail. Voilà comment nous avons été amenés à faire de cette dernière l'objet de notre étude. »*

En écrivant que *« tout en devenant plus autonome, l'individu [dépend] plus étroitement de la société »*, Durkheim se réfère au processus très large engagé dans les sociétés industrielles. Une des traductions, dans l'organisation du travail, de cette évolution décisive, est la division du travail. Les pontes de l'économie classique étudient la division du travail au point de vue de son efficacité économique[1], de la façon dont cette réorganisation des tâches, qui s'appuie sur la spécialisation des ouvriers et leur concentration sur une fonction unique, permet des gains de productivité considérables. Durkheim redirige son analyse vers la fonction sociale de la division du travail, qu'il estime plus importante encore que les implications économiques[2]. Dans les sociétés de plus en plus

1. On pense surtout à l'ouvrage d'Adam Smith en 1776, *Recherches sur la nature et les causes de la richesse des nations.*
2. *« Dans tous ces exemples, le plus remarquable effet de la division du travail n'est pas qu'elle augmente le rendement des fonctions divisées, mais qu'elle les rend solidaires. »*

différenciées, la division des tâches place les travailleurs dans un rapport de dépendance mutuelle et ceux-ci s'investissent les uns les autres dans le projet de production commun. Avec la division du travail apparaît un lien social de nouvelle nature, qui n'est plus le lien fraternel du sang, de la communauté essentielle, ce lien qui excite la *« horde*[1] ». Il demeure bien un lien moral, au sens où Durkheim entend la morale comme la force qui pousse les individus à ne pas se contenter de satisfaire leurs pulsions propres, leurs intérêts égoïstes.

Durkheim distingue ainsi les sociétés à solidarité mécanique (ces fameuses sociétés « primitives ») des sociétés à solidarité organique. Dans les deuxièmes, la division du travail fonde le lien social et rapproche des individus à la fois plus spécialisés, mais du même coup plus « solidaires ». Durkheim précise également que sans cette division du travail, les sociétés dites « supérieures » ne pourraient se contenir, ne parviendraient pas à s'unir. Cette analyse repose, nous l'avons compris, sur une conception très précise de la morale et la moralité, comme le garant de la soutenabilité du groupe sociale. La morale rend la vie collective supportable, en dépit des différences majeures entre les individus, elle dissout l'Autre dans le Même, tout en respectant la place de chacun, la personnalité des travailleurs solidaires.

> *« Nous pouvons donc dire d'une manière générale que la caractéristique des règles morales est qu'elles énoncent les conditions fondamentales de la solidarité sociale. Le droit et la morale, c'est l'ensemble des liens qui nous attachent les uns aux autres et à la société, qui font de la masse des individus un agrégat et un tout cohérent. Est moral, peut-on dire, tout ce qui est source de solidarité, tout ce qui force l'homme à compter avec autrui, à régler ses mouvements sur autre chose que les impulsions de son égoïsme, et la moralité est d'autant plus solide que ces liens sont plus nombreux et plus forts. »*

---

1. Le terme est de Durkheim.

## Les solidarités dans la division du travail : causes de la division du travail

L'ouvrage de Durkheim n'est pas, en tant que tel, une analyse de la division du travail[1], mais bien de la nature du lien social dans les sociétés industrielles. Dans le paragraphe sur les causes de la division du travail[2], moment le plus romancé du livre, l'auteur expose les grandes lignes du déroulé historique qui conduisent des sociétés à solidarité mécanique aux sociétés à solidarité organique. La division de plus en plus poussée du travail catalyse cette transition sociétale, cette mutation du lien social. Pour résumer ce passage important de l'analyse, Durkheim a une formule d'une clarté remarquable : *« Pour que les fonctions se spécialisent davantage, il faut qu'il y ait plus de coopérateurs et qu'ils soient assez rapprochés pour pouvoir coopérer. »*

Découpons cette phrase en deux sous-ensembles. La croissance démographique est le premier réquisit de la division du travail. Durkheim l'expose par une analogie naturaliste : la théorie de l'évolution explique que la concurrence entre deux individus identiques est d'autant plus rude qu'ils coexistent sur une surface restreinte. Les ressources viennent vite à manquer pour satisfaire les appétits des deux congénères. Ce raisonnement, reproduit pour les collectivités humaines, pousse aux mêmes conclusions : la concurrence est d'autant plus drastique entre des maçons qu'ils abondent dans une petite localité. Pour desserrer la pression concurrentielle, on demandera que certains maçons ouvrent des briques, que d'autres fabriquent des charpentes, et que les derniers coulent du béton. Durkheim résume : *« Il est aisé de comprendre que toute condensation de la*

1. Ce que lui reprochera d'ailleurs Georges Friedmann dans *Le Travail en miettes : Spécialisation et loisirs,* Gallimard, 1956, comme le signale Serge Paugam.
2. Dans le livre II de l'ouvrage.

*masse sociale, surtout si elle est accompagnée d'un accroissement de la population, détermine nécessairement des progrès de la division du travail [...] La division du travail est donc un résultat de la lutte pour la vie : mais elle en est un dénouement adouci.* »

Toutefois, la spécification des tâches ne se produit qu'à condition que les coopérateurs « *soient assez rapprochés pour pouvoir coopérer* ». En effet, nos maçons n'ont qu'à déménager après tout, s'ils souhaitent s'épargner de nouveaux apprentissages, ce que Durkheim expose en une phrase : « *Quand la concurrence oppose des individus isolés et étrangers les uns aux autres, elle ne peut que les séparer davantage. S'ils disposent librement de l'espace, ils se fuiront ; s'ils ne peuvent sortir des limites déterminées, ils se différencieront, mais de manière à devenir encore plus indépendants les uns des autres.* » Dans ce cas, imaginons qu'aux volitions de nos maçons s'opposent des exigences familiales, comme de vieux parents à assister, des enfants à élever en ville, etc. Alors, la spécialisation des maçons s'imposera. Cet argument sert également à Durkheim pour affirmer que la société précède l'individu, que la vie sociale existe avant la différenciation des personnes. Citons un dernier passage : « *Ce qui rapproche les hommes, ce sont des causes mécaniques et des forces impulsives comme l'affinité du sang, l'attachement à un même sol, le culte des ancêtres, la communauté des habitudes, etc. C'est seulement quand le groupe s'est formé sur ces bases que la coopération s'y organise.* »

## Les solidarités dans la division du travail : les formes pathologiques de division du travail

Aujourd'hui, la répartition des tâches s'est réglementée, à mesure que s'est tassée la division du travail, que la pression démographique s'est allégée, et que les métiers se sont ramifiés à l'infini. L'organisation du travail a perdu cette dynamique propre qui forçait la réorganisation, et le travail parcellaire[1] est devenu la routine du plus grand nombre. La division du travail s'imposait au départ comme *« un résultat de la lutte pour la vie »,* elle permettait la coexistence pacifique de personnes qui se ressemblaient. Ce fait social[2] s'est métamorphosé en un instrument de domination. Hier, ceux qui se savaient condamnés par la concurrence s'accordaient mutuellement pour se servir les uns les autres sans empiéter sur les compétences des collègues. Les travailleurs concernés dépendaient désormais de toute une économie qui les nourrissait et florissait par leur concours. Certains bûcherons industrieux ne fabriquèrent plus que des outils, d'autres abattirent les arbres, les plus hardis fendirent les bûches, d'autres enfin entretinrent les scieries. Ces professionnels, tous investis dans la même filière, s'obligeaient réciproquement, s'engouffrant alors dans la société à solidarité organique.

De l'obligeance à l'obligation, il n'y a qu'un pas, celui que franchissent les *« formes pathologiques de division du travail[3] ».* Durkheim, en effet, décrit trois dysfonctionnements possibles du processus analysé ci-dessus. Le premier traite des *« faillites »,* de ces crises qui désintègrent le corps social, quand la réglementation de la division du travail manque ses objectifs premiers. Durkheim estime, à juste titre, que la spécialisation des travailleurs et la répartition des tâches ne sont pas un phénomène anarchique dans la société à solidarité organique. La régulation du travail et la limitation de la concurrence s'avèrent nécessaires pour stabiliser le processus de différenciation des

1. Sans jugement péjoratif ici.
2. Le « fait social » est, selon Durkheim, l'objet qu'analyse la sociologie. Un fait social est extérieur à l'individu, s'impose à lui, et s'explique par d'autres faits sociaux. Voir le chapitre I dans *Les Règles de la méthode sociologique,* Félix Alcan, 1895.
3. *Ibid.* L'étude de ces formes pathologiques fait l'objet du livre III de l'ouvrage.

individus. Durkheim poursuit ensuite par quelques lignes sur le travail parcellaire et l'écrasement du travailleur sous la bêtise de sa tâche, répétitive et absconse. Ces remarques mettent fin au premier chapitre de la troisième partie de l'ouvrage. Les deux chapitres suivants, dont Durkheim ne sera jamais satisfait, étudient, l'un, les problèmes d'appariements dans la répartition des tâches qui conduisent parfois certains individus à exercer des métiers pour lesquels ils n'ont ni qualification ni vocation ; l'autre, les phénomènes de sous-emploi de la force de travail. Pour chaque forme pathologique, les conséquences fâcheuses sur le moral des travailleurs font l'objet de remarques. Dans sa préface à l'édition PUF de l'ouvrage de Durkheim, Serge Paugam livre une analyse très actuelle de l'ouvrage, importante pour notre propos. Il commence ainsi :

> *« Finalement, on peut se demander si l'ensemble des formes anormales étudiées dans cette partie ne constituent pas plutôt la normalité des sociétés modernes. »*

En analysant les problèmes d'appariements comme des résultats de l'inégalité des chances, et le sous-emploi de la force de travail comme un synonyme du chômage, nous dressons le douloureux tableau de l'état actuel du marché du travail. La division du travail n'a plus rien du processus enchanté que décrivait Durkheim. Certes, elle maintient la paix sociale, mais sans entretenir ce fameux lien essentiel par lequel les individus se rendaient service, et organisaient des faisceaux de dépendances mutuelles. Chacun à sa place, tout le monde à son poste, selon les dispositions des privilèges et des pouvoirs, voilà la société pathologique dans son ensemble qui a dégénéré de l'idéal durkheimien. Que le lien social de la solidarité organique s'est mué en une relation de pouvoir à l'avantage de certains, Paugam le sait bien. Pour Durkheim, la société moderne émancipe théoriquement l'individu des tutelles familiales traditionnelles. La division du travail produit des métiers divers, multiples, et adaptés aux compétences des uns et des autres. Toutes les chaînes que nouait le groupe d'appartenance aux chevilles des travailleurs se rompent. Seulement, la forme pathologique de division du travail est devenue la norme, une division qui oriente les individus vers des tâches prédéfinies :

> *« Les individus peuvent être relégués par la force dans des fonctions déterminées et des obstacles peuvent les empêcher d'occuper dans les cadres sociaux la place qui est en rapport avec leurs facultés. [...] Les chances sont trop inégales. »*

Cette description de variantes pathologiques de la division du travail vaut en réalité pour toute répartition sociale des tâches dans notre société. Du moins, c'est ce que révèlent les recherches sociologiques sur la reproduction sociale, sur le rôle de l'*habitus* dans la transmission du statut, et sur la permanence des inégalités[1]. Les développeurs les plus engagés ne supportent pas qu'on leur impose une division du travail superflue, inopérante dans biens des cas pour la programmation de logiciels. Derrière l'organisation du travail contrôlée et prescrite selon les schémas habituels, se cache un état vicié du lien social, une forme qui assujettit plus qu'elle ne rapproche, qui enjoint plus qu'elle ne joint. Les contraintes du marché, les normes de productivité, les réserves de pouvoir de la hiérarchie, toutes ces « bonnes raisons », donnent l'autorité qui permet la domination par l'entreprise. Ainsi, les développeurs ont une double raison de refuser qu'on leur impose une organisation strictement divisée du travail, sur le modèle des grandes manufactures que

1. Le terme de *« habitus »,* concept central de la sociologie bourdieusienne, désigne les modèles d'action, de pensée, de jugement, sur lesquels les individus étalonnent leurs comportements. Les différentes classes sociales, les femmes, les hommes, possèdent leurs *habitus* propres, selon les situations.

décrivait Durkheim, où des grandes bureaucraties. D'une part, cette division n'est pas toujours fonctionnelle, d'autre part, elle insère les programmeurs dans des rapports de domination, dont ils ont souvent conscience du fait de leur statut social hybride.

## Refonder le lien social : la critique de la solidarité organique

La thèse durkheimienne repose sur une analyse spatiale : des personnalités proches se côtoient sur un espace géographique restreint, ce qui les pousse à différencier leurs compétences. Ainsi, la concurrence donne l'impulsion nécessaire à la division du travail, au moment où les travailleurs ne peuvent pas fuir leurs concurrents. Transposer au métier de programmeur ce modèle d'explication de la division du travail ne fonctionne pas, pour deux raisons. D'abord, les professionnels du code ne parviennent pas à absorber les besoins croissants des entreprises en programmeurs, si bien que les développeurs ne sont jamais soumis à la pression concurrentielle[1]. Même, certains souffrent des sollicitations incessantes des entreprises intéressées[2]. Ce n'est pas parce que trop de développeurs système l'environnent qu'un développeur devient développeur Web ou développeur mobile. C'est l'innovation qui motive la diversification des métiers, et non la lutte pour la survie. Ensuite, si concurrence il doit y avoir entre les développeurs, celle-ci ne se limite pas aux territoires des entreprises. Le télétravail, le *remote,* rendent éligibles à certains postes les développeurs du monde entier.

1. Un des développeurs interrogés me signale qu'il faudra entre 10 et 15 ans pour résorber l'écart entre l'offre et la demande.
2. Au minimum une sollicitation par semaine pour les développeurs qualifiés.

Pour ces raisons, les développeurs ne peuvent penser la différenciation des profils, la spécification des tâches, la division du travail, comme le premier quidam des sociétés industrielles. Se spécialiser ne signifie jamais se soumettre aux exigences du marché du travail. Les développeurs agissent par choix et, s'ils doivent dépendre les uns des autres, ils s'arrangeront pour conserver une certaine autonomie, un droit à disposer d'eux-mêmes. Nécessairement, une solidarité d'un autre ordre que la solidarité organique unit les développeurs, puisque ceux-ci ne s'insèrent pas dans des circuits de dépendance. Par ailleurs, les développeurs les plus engagés ne se privent jamais d'égratigner le « système », de critiquer le poids d'une hiérarchie en laquelle ils ne croient pas et qu'ils estiment illégitime. Le discrédit porté sur la division du travail industriel devient la porte d'entrée de tous les commentaires acerbes sur l'organisation, le capitalisme, le salariat, et autres concepts plus ou moins fourre-tout. Aussi, beaucoup de développeurs, pendant les entretiens, disqualifient leurs managers et m'annoncent qu'un autre monde est encore possible.

Ce monde nouveau, les développeurs l'imaginent sans cesse dans leur travail : un monde où les services rendus par la technique rendront l'homme de plus en plus indépendant, allégé des fardeaux de la nécessité. Il faut remercier les développeurs d'avoir conçu des machines qui calculent pour les hommes, des applications qui l'aident à se déplacer, à rencontrer ses semblables, en somme, à augmenter ses pouvoirs et à limiter les contraintes liées à sa condition. Les développeurs travaillent à nous rendre plus libres ! Rien d'étonnant à ce qu'ils regardent d'un œil noir toutes les formes d'oppressions subies au travail et que la division des tâches favorise. Cette soif de liberté construit une autre forme de lien social que la solidarité organique. Les développeurs se lient davantage par des politesses, des dons, que par des obligations certes mutuellement bénéfiques, mais contraignantes.

Chapitre 10

# Culture/Contre-culture

Ce dernier chapitre expose quelques grands traits de la culture informatique qui réunit de nombreux développeurs à travers le monde : librisme, contre-culture geek, goût prononcé pour la « tech' » et l'innovation…

## *OPEN SOURCE* ET LOGICIEL LIBRE : LES « COMMUNAUTÉS DISTANTES »

Par quelles pratiques solidaires le lien social atypique décrit plus haut se manifeste-t-il[1] ? Bien souvent, par la participation à des projets *open source*. Il suffit qu'un entrepreneur ambitieux publie en ligne le code de l'application qu'il souhaite monter, et demande de l'aide, pour que très vite, des développeurs se saisissent de l'opportunité. Certains ajoutent quelques remarques, simplifient le code, précisent la fonction des sous-programmes, d'autres vont bien plus loin, programmant des fonctionnalités entières et enrichissant le patrimoine mondial du cyberespace. Sur les plateformes de travail *open source,* il n'y a pas ou peu de spécifications rigoureuses des tâches : des programmeurs de tous horizons, de toutes cultures et de toutes compétences

1. Paugam, dans sa préface, explique bien que la séparation franche entre les deux types de solidarité ne s'applique pas strictement aux deux types de sociétés décrites : *« Les sociologues contemporains sont plus sensibles à l'entrecroisement, au sein même des sociétés modernes, de liens sociaux de nature différente, les uns renvoyant à la solidarité organique, les autres à la solidarité mécanique. »* De même, des formes uniques de solidarité peuvent se faire jour, ce que nous étudions ici.

se retrouvent pêle-mêle et coopèrent sur des applications qui leur tiennent à cœur. La participation commune à des projets tisse des liens plus ou moins forts, d'une nature unique. Dans la majeure partie des cas, les développeurs ne se connaissent pas personnellement, ne se sont jamais rencontrés, mais forment une équipe solide. Aux critères typiques de la solidarité organique (hétéronomie, dépendance, corésidence), les développeurs opposent les valeurs de la solidarité numérique (autonomie, volontariat, service, distance). Les projets *open source* lancés par des particuliers ressemblent à des appels à l'aide, auxquels des développeurs du monde entier ne manquent pas de répondre. Ils attendent en retour une promesse tacite d'aide sur leurs propres projets, une rémunération, une gratification sociale (gagner en réputation[1]), ou personnelle (le sentiment victorieux d'avoir résolu un problème difficile).

Comme on le voit, l'application libre s'oppose en tout point avec le bien commercial. D'autre part, la distinction entre le libre et l'*open source* provient essentiellement d'une différence d'état d'esprit. L'*open source*, souvent à l'initiative des entreprises, propage l'idée que les applications programmées seront de meilleure qualité. À l'inverse, le librisme est un état d'esprit, né des vœux d'universitaires. Il repose sur quatre libertés fondamentales reconnues à l'utilisateur : pouvoir utiliser l'application, la copier, la redistribuer, et la modifier. *In fine*, le librisme parle aux libertés humaines : si un logiciel libre connaît des bugs, les utilisateurs n'ont pas à dépendre de qui que ce soit pour réparer les incidents. Le logiciel libre flatte l'ego des développeurs et les rend encore plus autonomes. En ce sens, les travaux *open source* et les échanges entre libristes relèvent bien de ce lien social complexe que nous essayons de définir, un lien fugace qui se tisse entre les volontaires de projets collaboratifs.

1. Quand les lignes de code sont signées.

Pour autant, ce lien est-il contingent ? C'est la rationalité limitée du cerveau humain qui assure la permanence de ce lien, le fait que les développeurs, si doués qu'ils soient, ne sont jamais ni omniscients, ni omnipotents. S'ils doivent recourir à la science de leurs semblables pour parfaire leurs applications, il n'y a rien de nécessaire à ce que les développeurs adverses répondent aux sollicitations. L'obligation réciproque, qui caractérisait la solidarité organique, ne vaut plus ici. Le programmeur demandeur appelle à l'aide une première fois, et apprend de ses pairs[1]. Les développeurs ne divisent pas le travail entre eux parce qu'ils maîtrisent tous les mêmes compétences, comme les brasseurs, tisserands, bûcherons, que pouvait décrire Durkheim, mais, à l'inverse, parce que tout maîtriser n'est pas possible. Un bon vigneron sait couper et porter le raisin, le pressurer et en permettre la vinification. Son savoir-faire recèle la panoplie complète des activités. La programmation ne suit pas les mêmes règles. L'informatique vibre d'un bouillonnement intellectuel intense et les nouvelles techniques bousculent les façons de faire à des vitesses fulgurantes. Pour cela, les développeurs sont constamment en situation d'apprentissage, ce sont des apprenants : ils apprennent des autres pour apprendre à d'autres, et les maîtres d'un jour seront les élèves du lendemain. Cette dialectique de l'élève et du maître, du besoin d'aide puis de l'aide volontaire, donne son épaisseur au lien social. Un article de Demazière, Horn et Jullien[2] insiste à la fois sur la différence de statuts des développeurs engagés dans ces projets (certains sont étudiants, d'autres professionnels, d'autres amateurs, etc.), et sur les contrats informels qui régulent la coopération des acteurs,

1. Les développeurs interrogés s'accordent tous à dire qu'un bon développeur est en capacité d'apprendre sans cesse.
2. Didier Demazière, François Horn et Nicolas Jullien, « Le travail des développeurs de logiciels libres. La mobilisation dans des "communautés distantes" », *Cahiers lillois d'économie et de sociologie,* n° 46, L'Harmattan, 2e semestre 2005.

sur le mode du « donnant-donnant ». L'article précise que *« l'essentiel de l'activité de contribution à un logiciel libre s'effectue de manière très individuelle, [...] 1 000 personnes, qui, en solitaire font un ensemble »*. On comprend bien que l'*open source* ne peut, dans ces conditions, cimenter à lui tout seul des communautés, et bâtir un lien social digne de ce nom, si typique qu'il soit.

## Les nouveaux corps intermédiaires

Les développeurs entretiennent une vie communautaire intense. Ne trouvant pas dans l'entreprise de quoi satisfaire leurs attentes, ils se structurent en corps intermédiaires informels, les communautés. Puisque la profession se modifie constamment, qu'une technologie en chasse une autre sans prévenir, les communautés posent le support nécessaire, elles ancrent des données fluctuantes dans une réalité tangible. Ni les entreprises ni les États ne pouvaient remplir les rôles dévolus à ces instances transnationales : le travail des communautés ne concerne strictement ni les pays, ni le profit. Dans les *meet-up* et les conférences, les programmeurs s'échangent les dernières astuces, débattent des bonnes pratiques et diffusent ainsi les normes et les valeurs propres à réguler la profession. Les communautés réglementent, structurent et orientent les développeurs en mal de repères. Là où l'entreprise écrase, rabroue, les communautés épanouissent et reconnaissent. En effet, comme le remarque Florence Weber dans *Le Travail à-côté*[1], les à-côtés du travail professionnel compensent une vie d'usine éreintante, sans avenir ni estime. Ce report d'épanouissement de l'entreprise au

1. *Le Travail à-côté. Étude d'ethnographie ouvrière,* INRA/Éd. EHESS, 1989 (nouvelle édition revue et augmentée, coll. « Réimpressions », Éd. EHESS, 2001).

domicile rend supportable la vie des ouvriers les plus déconsidérés[1]. On reconnaît, dans le comportement des développeurs, une certaine proximité avec la fuite des ouvriers montbardois, décrits par Florence Weber. En quête de respect, les développeurs rencontrent enfin des pairs, des interprètes du même langage ésotérique, des maîtres ou des élèves. Ils trouvent dans les communautés l'estime qui leur manquait au travail.

Le calendrier que regardent les membres d'une communauté est très simple. La plupart du temps, les membres des communautés n'entretiennent pas de relations immédiates avec leurs pairs. On rejoint une communauté en travaillant sur les projets communs qui cimentent le groupe, et que les responsables publient parfois en *open source.* Viennent ensuite des moments de rencontres, des évènements qui jalonnent l'année et marquent l'acmé de la solidarité communautaire. Les *journeymen programmers* ne rejoignent pas les communautés, et il n'y a rien d'étonnant à cela. Ils ne se sentent ni délaissés dans l'entreprise, ni conquis par les innovations dernier cri. La conscience collective des développeurs ne perce pas en eux. Rythmée par des phases d'hibernation, de silence, et de grandes messes sur plusieurs journées, la vie communautaire ne ressemble à aucune autre. On aurait tort de comparer ces groupes intermédiaires aux ordres qui régulent les professions libérales comme les médecins et les avocats, aux syndicats qui fomentent les révoltes, aux lobbies qui poursuivent des intérêts. La communauté n'a pas de couleur politique, ne sanctionne pas ses membres, ne ferme pas les vannes des concours d'accès. Aussi, les développeurs ne trouveront ni passion politique ni pouvoir institué ni obligation d'action. Demazière, Horn et Jullien parlent, à très juste titre, de *« communauté distante »*,

1. *« Le travail à-côté, c'est ce qui permet de supporter l'usine, mais non de la refuser, ni de la remplacer. »*

oxymore qu'il s'agit de décrypter. L'alternance entre intensité communautaire et distance convient parfaitement aux développeurs, qui y trouvent leur compte, sans obligation, sans avoir à dépendre de qui que ce soit. Ainsi, les communautés créent-elles du lien social.

Nous en revenons ici à Durkheim et à la deuxième préface de *De la division du travail social.* L'auteur décide en effet d'agrémenter son texte d'une nouvelle préface plusieurs années après la parution initiale, insistant sur le rôle des groupements professionnels. Il faut comprendre la deuxième préface comme une réponse aux formes pathologiques de la division du travail, appréhendées dans le livre III de l'ouvrage. Serge Paugam formule très clairement la fonction des groupes professionnels dans la théorie durkheimienne :

> *« En définitive, pour atténuer les formes anormales de travail, il faut compter sur une morale professionnelle. Celle-ci est le produit de l'effort collectif engagé dans les organisations capables d'élaborer une réglementation susceptible de s'imposer avec la même autorité auprès de l'ensemble des individus. »*

Rappelons que pour Durkheim, la morale détourne l'individu de son moi propre, de ses pulsions personnelles. Elle rompt la pulsion solitaire et harmonise les destinées humaines dans le vivre-ensemble : le lien social est un lien moral. En ce sens, la morale professionnelle réglemente, régule et, par là, corrige les défauts des formes pathologiques de division du travail. Rapprocher le texte de Durkheim et les pratiques des développeurs permet de requalifier le phénomène des communautés, de rappeler leurs précédents historiques. On ne poussera, toutefois, pas trop loin la comparaison. Durkheim propose le retour des corps intermédiaires et autres corporations du passé. Il conçoit des groupes futurs comme des institutions publiques, capables de légiférer. Les communautés de développeurs, à l'inverse, brillent par leur parfaite transparence, leur indépendance.

Ce que les communautés décrites ci-dessus empruntent aux corporations, il faut en passer par une analyse historique pour le définir. Durkheim évoque deux systèmes en vigueur, celui qui organisait discrètement les groupes de travailleurs dans l'Antiquité romaine, et celui qui prévalait au Moyen Âge à partir du XI^e^ siècle. Dans les deux cas, le groupe professionnel prodigue un *« pouvoir moral »*, unissant les individus dans des grandes fratries. Même si les liens en vigueur dans les communautés de programmeurs n'ont rien des liens du sang, ces groupes intermédiaires ressemblent aux corporations romaines en un point : communautés et corporations forment toutes deux des sortes de *« groupes parallèles »*, et ne relèvent d'aucune institution mère. Durkheim parle de corporations *« extra-sociales »*, comme le sont les communautés de développeurs, dont presque aucun document officiel n'atteste l'existence. Les corporations médiévales, au contraire, revêtent une importance centrale dans la vie communale. Durkheim expose l'exemple de la ville d'Amiens, où les groupes intermédiaires prodiguent les électeurs qui serviront ensuite à désigner les échevins et le maire.

Les communautés de développeurs avoisinent les corporations romaines et médiévales : les premières inspirent leur organisation autonome et informelle, les secondes agissent aussi hors du cénacle communautaire[1]. De même, les communautés façonnent le monde, diffusent des innovations et des idées. Citons, pour terminer ce beau passage qui plaira aux développeurs :

1. Remarquons que, déjà, Durkheim, reconnaissait la nécessité des groupes intermédiaires éventuellement transnationaux. On le lit dans la fameuse *Deuxième préface* : *« Puisque donc le marché, de municipal qu'il était, est devenu national et international, la corporation doit prendre la même extension. »*

« Un groupe n'est pas seulement une autorité morale qui régente la vie de ses membres, c'est aussi une source de vie *sui generis.* De lui se dégage une chaleur qui échauffe ou ranime les cœurs, qui les ouvre à la sympathie, qui fait fondre les égoïsmes. »

## La culture « geek »

La distance qui sépare les membres des communautés ne les empêche pourtant pas de s'unir autour de marqueurs identitaires communs, physiques et intellectuels. Beaucoup d'artefacts rapprochent les développeurs, leur donnant un statut, non pas d'objet de culte, mais d'objet « culte ». La culture dite « geek » gravite autour d'un noyau de repères partagés. Par exemple, la passion de nombreux développeurs pour le Lego, ne peut qu'étonner le profane aujourd'hui. Les développeurs portent des tee-shirts reproduisant des motifs inspirés du jeu danois, conservent des briques de construction comme des objets fétiches ou des porte-bonheurs, et s'offrent mutuellement ces petits objets. Robin me donne, non sans facétie, l'exemple de sa start-up, qui offre des Légo en guise de bienvenue aux nouveaux collaborateurs.

Les repères identitaires physiques se divisent en deux grandes familles : les souvenirs d'une époque révolue, considérée comme faste ; et les marqueurs subversifs, reflets d'un humour plutôt hermétique aux non-initiés. Les développeurs empruntent l'essentiel de leurs marqueurs identitaires aux années 1990, période pendant laquelle nombre de développeurs de cœur s'initièrent aux joies de la programmation. Les mangas célèbres à l'époque, les jeux rétro vraiment révolutionnaires à leur sortie, les classiques de l'*heroic fantasy,* la musique métal, etc., autant d'univers parallèles que les développeurs continuent d'explorer et de partager entre eux lors des *meet-up,* conférences, ou qui colorent les sites Internet, *tech blogs* et autres points de rendez-vous des membres des communautés. L'autre pan de la culture commune aux développeurs concerne l'humour. Ne citons qu'un exemple que beaucoup reconnaîtront : les poneys roses et autres licornes à paillettes et arcs-en-ciel qui gambadent çà et là sur les présentations ou les profils des développeurs. Un bon développeur n'oublie jamais ses « tee-shirts de développeurs ». Dans l'attirail de marqueurs communautaires, les tee-shirts tiennent une place particulière parce que beaucoup de *meet-up* se soldent ou commencent par des distributions. Porter un tee-shirt « Go », « Spark » ou « Docker », c'est afficher à la terre entière son appartenance à une communauté, et sa présence à un évènement en particulier, avec un mot derrière la tête : « Comprenne qui pourra », ou « Les vrais comprendront. » Les tee-shirts jouent le rôle d'étendards, et leurs porteurs, d'émissaires.

Davantage encore que des objets, des références ou des mythes communs, une pensée politique aux forts accents libertaires, réunit certains développeurs de cœur. Ces convictions politiques profondes, ils les tirent de leur propre travail : les développeurs sont certainement les professionnels les plus engagés dans la conquête des libertés humaines, en programmant des outils nouveaux qui étendent nos champs d'action. En résulte un ensemble d'idéaux en réelle affinité avec leurs tâches dans les entreprises. Le développeur se veut un individu épanoui, capable de se suffire à lui-même, sans demander son reste. Pour cela, les développeurs critiquent le joug de tous les systèmes de pouvoir qu'ils estiment oppressifs, qui limitent leurs libertés, et les forcent à dépendre des autres comme l'État[1] ou la



1. Voir, à ce titre, la *Déclaration d'indépendance du cyberespace* qui protège Internet des velléités conquérantes des États.

hiérarchie[1]. Les pratiques agiles procèdent de la même logique : elles insistent sur la capacité d'auto-organisation des différentes unités. Ce que les développeurs annoncent, c'est l'affirmation d'un individu rendu indépendant par les outils numériques.

> *« Ma méfiance à l'égard de tout ce qui sonne business… Je me souviens d'une époque où je disais : « Moi chef, jamais ! » J'ai toujours eu un sentiment d'appartenance aux gens qui font, j'ai toujours sympathisé avec les gars de l'usine par opposition aux gens des bureaux, qui ne font rien de tangible, on a l'impression. Les gars qui sont là-haut, avec leur papier, ils vont rien faire sans les ouvriers. J'ai un sentiment d'appartenance aux gens qui font, j'ai toujours aimé le travail manuel.*
> *[…]*
> *Si tu fais, tu es respecté, point. L'agilité aussi, il y a de cela. Respecter le travail des gens qui font ; ceux qui sont intéressants, ce sont les futurs utilisateurs. Quand tu fais, tu ne peux pas tromper les gens. On ne peut pas enjoliver. La do-ocratie te dit : "Il faut que tu fasses." Si tu fais, t'es respecté, sinon non. Dans le logiciel libre, c'est pareil. T'es pas content du truc ? Va le faire ! L'agilité, c'est redonner la prise de décision, respecter le travail de ceux qui font. L'agilité, c'est donner la décision à ceux qui font, donner du pouvoir à ceux qui vont faire. »*

Dans les entreprises, les développeurs se reconnaissent effectivement une vraie proximité avec les autres travailleurs, avec le cœur productif de l'organisation, plutôt qu'avec ceux qui planifient, réglementent ou administrent la production. La croyance en la do-ocratie, le fait de donner le pouvoir à

1. Attention, il ne faudrait pas toutefois faire des développeurs des révolutionnaires en puissance. Ils ne critiquent pas la hiérarchie en soi, mais ses excès, et son incompréhension des spécificités de la programmation. De même, ils ne blâment pas le marché ou le capitalisme en lui-même, mais la fâcheuse tendance du business à reprendre à son compte les concepts et outils programmés par de petits groupes, à dévoyer ces produits pour en extraire un profit.

ceux qui font, s'explique à nouveau par les convictions libertaires de certains développeurs. Dans l'entreprise, les ouvriers dépendent en dernière instance beaucoup moins des cadres que l'inverse. Sans la main-d'œuvre, pas de production, sans les cadres, pas de production « organisée », certes, mais du produit quand même. Ceux qui font, qui manipulent, garderont toujours plus d'indépendance que ceux qui administrent. Cette accointance avec les ouvriers, les développeurs la cultive en tournant en ridicule les codes des cadres et des régulateurs. Ainsi, les développeurs se vantent de ne pas porter de costume, de ne pas se plier à l'autorité parfois superflue de la hiérarchie, à ses codes absurdes et oppressifs. Porter un tee-shirt à une réunion sérieuse, « business », comble de joie les développeurs qui adressent ainsi un beau pied de nez aux cadres encravatés soumis aux exigences hiérarchiques[1].

## La place de l'innovation

Les nouvelles technologies naissent de deux manières : soit elles émanent des recherches de départements spécifiques de grandes entreprises, soit de grandes universités[2]. Mais, dans les deux cas, pour que les innovations prennent de l'ampleur, grandissent dans les entreprises, il faut que des communautés de développeurs se saisissent des concepts qui leur paraissent

1. Le cas de Apple est surprenant. Au départ équipements favoris des hippies, comme le précise Philippe Breton, dans le livre précédemment cité, les technologies Apple passent aujourd'hui pour l'archétype des biens du « capitalisme artiste ». Destinés à vendre de l'art pour tous, du design importé dans la machine, et conquérir ainsi de nouveaux marchés, les ordinateurs Apple ont-ils trahis leurs promoteurs des origines ? Voir, à ce titre, le livre de Gilles Lipovetsky et Jean Serroy, *L'Esthétisation du monde : vivre à l'âge du capitalisme artiste,* Gallimard, 2013.
2. Scala est conçu à l'EPFL, Spark est développé à Berkeley, quand Angular JS est un produit de Google.

les plus novateurs. Bérénice a une belle formule à ce sujet : elle estime que les communautés de développeurs « font vivre » les technologies balbutiantes. La communauté présente à l'innovation le tissu organique dont elle a besoin, l'accompagnement placentaire sans lequel les idées se nécroseraient dans les arcanes de l'université, dans les brouillons de la recherche. Cette chasse anime les développeurs au sein des communautés qui s'échangent les trouvailles des derniers laboratoires, les améliorent entre eux, les diffusent. Ils couvent la future application qui se développe, littéralement, sous leur protection. Puis vient l'éclosion : une application toute neuve se taille une place de choix dans les ordinateurs du monde, ravissant d'autres développeurs, des usagers, des entreprises.

Seule une infime minorité des logiciels doit sa maturité à des programmeurs isolés, des laboratoires perdus. Toujours, une communauté vient porter assistance, « faire vivre » l'embryon d'invention et y insuffler l'élément décisif. À la fin de son *Histoire de l'informatique*, déjà citée à plusieurs reprises ici, Philippe Breton remarque, dans le sous-chapitre « La guérilla de l'information », combien les premiers informaticiens voyaient en le micro-ordinateur un véritable projet social destiné à donner à tous l'accès à l'information[1]. Dans les années 1970, des groupes radicaux se saisissent de l'informatique, alors tombée dans le civil, pour en faire le nouveau vecteur de l'émancipation des individus, le nouveau chantier de la lutte des classes. Cet esprit libérateur initial d'inspiration hippie ne cessera d'habiter les passionnés d'informatique. Ces convictions servirent ensuite à cimenter l'union des « amateurs », de ceux qui ne pratiquent pas une programmation professionnelle, pervertie

1. *« [...] la revue radicale* People's Computer Compagny *annonçait que "les ordinateurs étaient principalement utilisés contre le peuple au lieu de le libérer". L'article concluait : "il est temps de changer tout cela, nous avons besoin d'une compagnie d'ordinateurs pour le peuple." »*

par les exigences du marché[1]. Certaines rémanences de l'esprit subversif des origines animent les grandes communautés de développeurs, amateurs ou non.

On nous permettra de hasarder une comparaison audacieuse entre les développeurs les plus engagés dans les communautés et des ouvriers célèbres au XIXe siècle : ceux qui se baptisaient eux-mêmes « les sublimes ». Ces ouvriers, bien décrits dans le livre de Denis Poulot *Le Sublime ou le travailleur comme il est en 1870 et ce qu'il peut être* (1870), imprimeurs, mécaniciens, vantent leur liberté au travail et refusent de s'abâtardir dans la condition salariale, la soumission au patron. Plutôt, ils pratiquent une vie hédoniste, vacant d'emplois temporaires en emplois temporaires, et vendant chèrement leurs services. C'est cette recherche effrénée d'autonomie qui rapproche tant les sublimes du Second Empire de nos développeurs, comme le remarque Bernard Gazier dans *Tous « Sublimes », vers un nouveau plein-emploi,* apportant une riche nuance, sur laquelle nous clorons ce chapitre : *« Aujourd'hui, l'équivalent du sublime, ce sont les travailleurs par projet de l'économie "high-tech" [...] Ils investissent en eux-mêmes sans relâche, toujours à l'affût de la dernière innovation, hantés par la crainte de ne pas être au courant et de perdre pied. Ils ne prennent pas de congés. Et ils se préoccupent peu de leurs proches ou de leurs loisirs. L'aristocratie du surmenage a pris la place de la fierté du professionnel qui valorise ses compétences avec mesure. Par bien des côtés, les "Sublimes" témoignent d'une époque révolue. Mais ils représentent une des premières figures optimistes de la résistance ouvrière, et cette subversion tranquille a beaucoup à nous apprendre aujourd'hui*[2]. »

1. *« En effet, à la différence du professionnel, toujours asservi à une utilisation de son travail extérieure à l'informatique, l'amateur peut pratiquer une informatique "pure", libre de toute contingence. L'amateur ressemble ainsi de plus en plus aux créateurs de la première informatique. »*
2. Bernard Gazier, *Tous « sublimes », vers un nouveau plein-emploi,* Flammarion, 2003.

# Conclusion

*Jamais, autant de personnes n'ont eu autant de pouvoir à travers le monde.*

Au premier abord, cette thèse abrupte doit secouer les lecteurs. Se sentir le vassal d'une industrie numérique à la vitalité et l'inventivité débordante donne de quoi perdre la tête. La présente conclusion se propose de décrire le pouvoir authentique des développeurs, un pouvoir partagé selon des normes bien précises, ce que les chapitres précédents ont présenté. Ce pouvoir infiniment divisé se concentre cependant en îlots de potentiels, autant de Google, Facebook, Amazon, Apple, qui s'arrogent le droit de collectionner les données des utilisateurs, de pister, d'illusionner. Les grands monarques ne sont pas si loin derrière nous.

De quel pouvoir parlons-nous précisément ? Pour le comprendre, revenons à ce texte important de Max Weber[1] :

> *« Celui d'entre nous qui prend le tramway n'a aucune notion du mécanisme qui permet à la voiture de se mettre en marche – à moins d'être un physicien de métier. Nous n'avons d'ailleurs pas besoin de le savoir. Il nous suffit de pouvoir "compter" sur le tramway et d'orienter en conséquence notre comportement ; mais nous ne savons pas comment on construit une telle machine en état de rouler. Le sauvage[2] au contraire connaît incomparablement mieux ses outils. »*



1. Max Weber, *Le Savant et le Politique,* Plon, 1998.
2. Malheureusement, le vocabulaire date. Ce mot qualifie les travailleurs des sociétés dites « primitives ».

Weber traite ici de la connaissance de son monde par « le sauvage » et compare cette connaissance à l'expérience que les hommes du XX^e^ siècle font de leur environnement technique. Les sociétés dites « primitives » évoluent dans un monde matériel qu'elles maîtrisent, tandis que les mystères sont enfouis dans la magie, le ciel, les élémentaux. Les Européens, au contraire, ont reporté dans la matière les croyances des « sauvages » en les esprits. Les « sauvages » croient en des forces spirituelles qui régulent le monde, quand la matière est sans surprise. À l'inverse, les Européens ont « désenchanté le monde », et doivent faire confiance à des outils scientifiques qu'ils ne dominent pas. Relatives à leur environnement, les connaissances techniques des Indiens et des Hottentots dépassent les notions scientifiques des contemporains. Les charmes ont gagné d'autres lieux.

Les développeurs tiennent une place de choix dans cette distribution nouvelle des savoirs et des idées. Autrefois, les prêtres, doctes clercs et autres hiérophantes se réservaient les voies d'accès aux énigmes du monde, un rôle qu'assument aujourd'hui les scientifiques. Dès qu'un savoir se trouve réservé à une élite, Église ou cénacle de savants, le savoir se mue vite en pouvoir, en capacité de persuasion, d'action, de manipulation[1]. Les développeurs, ces passeurs vers le monde numérique, organisent notre vie virtuelle et en dominent les institutions centrales. On ne compte plus les inventions de programmeurs indépendants ou affiliés à de grandes entreprises, désormais tombées dans l'usage. Les millions d'utilisateurs des outils et plateformes numériques n'en maîtrisent pas plus le fonctionnement que les contemporains de Weber n'ont idée du mécanisme interne des tramways. La plasticité des applications informatiques rend

1. Les exemples sont nombreux de fausses vérités assénées pour contrôler les sociétés et les aligner sur les idéaux des chefs, de mensonges jetés à la barbe du peuple sous couvert de légitimité mystique ou scientifique.

par ailleurs les consommateurs captifs des programmeurs. À partir du moment où un site grossit et choisit de se financer par la publicité, les utilisateurs devront souffrir les bandeaux de réclames qu'ils ne désirent pas. Puis le site pourra proposer les données récoltées à des services marketing d'entreprises partenaires, forcer les visiteurs à se connecter en permanence à certaines pages, à perdre un temps précieux...

Certains développeurs avides de libertés nouvelles, refusent de pâtir de ce qu'ils considèrent comme un dévoiement de la programmation originelle. La pression des marchés en mal de rentabilité s'oppose à l'exercice de la liberté des internautes quand le business attrape sous sa houlette les applications à succès. Ainsi, on verra des développeurs hacker les systèmes qu'ils estiment liberticides, programmer des outils palliatifs, et parfois diffuser ces outils[1]. La capacité de regarder des films ou d'écouter de la musique par la technologie du streaming demande, pour être partagée par le plus grand nombre, que des développeurs se penchent sur le problème, affrontent leurs développeurs ennemis. Des millions d'utilisateurs dans le monde entier regardent avec intérêt l'issue de la bataille qui ensanglante l'industrie des biens culturels, et les concerne au premier chef[2].

Si les développeurs partagent un pouvoir qui rétribue la maîtrise laborieuse d'une compétence rare, c'est bien la division particulière de ce pouvoir entre tous les programmeurs du monde qui nous aura fascinés dans cet ouvrage. La manière

1. L'application Adblock Plus permet, par exemple, de filtrer les contenus Web pour en éliminer le plus possible les publicités.
2. Il s'agit bien d'une relation de pouvoir des développeurs sur les utilisateurs, si l'on utilise la célèbre définition du pouvoir donnée par Robert Dahl en 1957, et prolongeant l'analyse wébérienne : *« A exerce du pouvoir sur B dans la mesure où il obtient de B une action que ce dernier n'aurait pas effectué autrement. »*

très originale selon laquelle se répartissent les capacités des développeurs, *via* les communautés, l'*open source,* les parrainages, organise la transformation du monde, sa numérisation, et, déjà, sa virtualisation. On ne compte plus les initiatives des gouvernements pour s'ingérer dans les cercles de puissance de l'informatique. Se faisant, le ministère de l'Éducation nationale envisage de rendre le code accessible dès le collège, ce qu'annonce le plan numérique en vigueur pour la rentrée scolaire 2016[1]. En septembre 1985, le plan informatique pour tous, déjà, voulait populariser la programmation et enseigner ses rudiments aux jeunes Français, ce fut un échec. Le plan numérique ne découvre finalement rien, il se raccorde à d'anciennes velléités gouvernementales. Toutefois, la critique ou la défense de cette initiative n'a pas sa place dans cette conclusion.

Plus que du manque de démocratisation, l'informatique souffre d'un manque de recul. Les développeurs les plus doués questionnent souvent la nature de leur travail, et entament cet effort de distanciation, de réflexion. Arendt, dans un texte tragiquement prophétique[2], nous mettait déjà en garde :

> *« Mais il se pourrait, […], que nous ne soyons plus jamais capables de comprendre, c'est-à-dire de penser et d'exprimer, les choses que nous sommes capables de faire. En ce cas, tout se passerait comme si notre cerveau, qui constitue la condition matérielle, physique, de nos pensées, ne pouvait plus suivre ce que nous faisons, de sorte que désormais nous aurions vraiment besoin de machines pour penser et pour parler à notre place. »*

Arendt ne décrit rien moins que le processus actuel de scission de l'humanité en deux nouvelles espèces : celle qui pense ce qu'elle fait, et celle qui défait ce qu'elle pense ; celle des développeurs, et celle des développés. Ces derniers expulsent leurs

1. Voir ainsi *www.gouvernement.fr/action/l-ecole-numerique*
2. Hannah Arendt, *op. cit.*

activités hors du domaine pourtant incroyable de leurs facultés et laissent les outils penser pour eux. Abandonnés à leurs premières pulsions, et dépossédés de leurs dernières facultés, ces miracles qui faisaient s'animer la main, voici qu'ils retombent dans la « pénombre paléontologique[1] ». La démarcation entre les deux espèces s'accomplira au moment où les outils auront acquis leur autonomie, ils perdront ainsi d'eux-mêmes leur nature d'outil, car l'outil qualifie au départ une assistance, un prolongement de l'activité humaine, non son remplacement. Que les choses nous soient rendues plus simples par les programmes de nos développeurs ne constitue pas pour autant un gain de liberté. Voilà ce paradoxe, ce cercle mi-vicieux mi-vertueux qui entraîne les développeurs, et que déjà Arendt avait pressenti[2] :

> *« L'homme ne peut pas être libre s'il ne sait pas qu'il est soumis à la nécessité, car il gagne toujours sa liberté en essayant sans jamais y réussir parfaitement de se délivrer de la nécessité. »*

La technique commence par faire le bonheur des geeks et des nerds avant d'innerver les sociétés, ainsi soustraites au poids des calculs, du travail, de la vie. Pour terminer, il faut rendre hommage à nos développeurs, et souligner leur prudence. Certains, même, confient leurs inquiétudes. Ils se méfient des promesses et des joies trop faciles, qui, sans précaution, nous acculeraient dans un nouveau servage : celui de légions d'esclaves en liesse, béants devant le numérique.



1. L'expression est ici empruntée à A. Leroi-Gourhan dans *Le Geste et la Parole, 2. : La Mémoire et les Rythmes,* Albin Michel, 1964-1965.
2. Hannah Arendt, *op. cit.*

Mise en pages : STDI

Achevé d'imprimer par CPI en mai 2017

N° d'imprimeur : 140621

Dépôt légal : mai 2017

Imprimé en France